中國學術思想 研究輯刊

十 編
林 慶 彰 主編

第 32 冊

劉師培之倫理思想研究

黃 雅 琦 著

花木蘭文化出版社

國家圖書館出版品預行編目資料

劉師培之倫理思想研究／黃雅琦 著 — 初版 — 台北縣永和市：
花木蘭文化出版社，2010〔民 99〕
目 2+122 面；19×26 公分
（中國學術思想研究輯刊 十編：第 32 冊）
ISBN：978-986-254-361-0（精裝）
1. 劉師培　2. 學術思想　3. 倫理學
128.1　　　　　　　　　　　　　　　　　　　99016468

ISBN - 978-986-2543-61-0

9 789862 543610

中國學術思想研究輯刊
十 編　第三二冊　　　　　　　ISBN：978-986-254-361-0

劉師培之倫理思想研究

作　　者　黃雅琦
主　　編　林慶彰
總 編 輯　杜潔祥
出　　版　花木蘭文化出版社
發 行 所　花木蘭文化出版社
發 行 人　高小娟
聯絡地址　台北縣永和市中正路五九五號七樓之三
　　　　　電話：02-2923-1455／傳真：02-2923-1452
網　　址　http://www.huamulan.tw 信箱 sut81518@ms59.hinet.net
印　　刷　普羅文化出版廣告事業
封面設計　劉開工作室
初　　版　2010 年 9 月
定　　價　十編 40 冊（精裝）新台幣 62,000 元　　　　版權所有·請勿翻印

劉師培之倫理思想研究

黃雅琦　著

作者簡介

黃雅琦，國立高雄師範大學國文研究所文學博士，現任實踐大學應用中文系助理教授。主要研究領域為近現代學術文化，著有《救亡與啟蒙：梁啟超之儒學研究》、《劉師培之倫理思想研究》二書，編有《中國學術思想史試題解析》（上）（下）冊，並發表學術論文十數篇。

提　　要

　　倫理（Ethics），是人類社會人際關係的秩序規範。在中國，倫理是社會人心文化的核心。劉師培身逢晚清「豈特春秋所未有，抑秦漢以至元明所未有」的時代空前巨變，他關心學術世運，對傳統倫理思想的內容、特徵、架構，甚至偏失，都有深入精到的考察，且對傳統倫理思想的改革，提出不少的新見。本文以「劉師培之倫理思想研究」為題，全文共分六章：

　　第一章：緒論。本章敘述劉師培之生平及其治學傾向，概述學界研究劉師培的成果，並說明本文研究的動機、範圍與方法。

　　第二章：劉師培倫理思想之基本概念。本章論述劉師培對倫理基本範疇的看法，旨在說明劉師培倫理思想的內容，實由其基本概念推演而來。

　　第三章：劉師培之己身倫理論。中國傳統社會重視個人修身，強調克己復禮。本章論述劉師培在己身倫理方面的見解。

　　第四章：劉師培之家族倫理論。家族倫理在中國特別發達，但也存在著很多的問題。本章論述劉師培對家族倫理的針砭。

　　第五章：劉師培之社會倫理論。傳統倫理思想，在社會倫理方面著墨較少。本章論述劉師培對社會倫理藍圖的拘勒。

　　第六章：結論。本章總結全文的論述，並敘述全文研究的結果與心得。

目
次

第一章 緒 論

　　晚清〔註1〕是中國「數千年來未有之變局」〔註2〕，當此之時列強攘奪時局動盪，內憂外患交相煎逼，穩定沈滯的農業社會與經濟結構逐漸崩解，傳統的思想文化，也面臨空前的挑戰。中國在延續了兩千年的帝制及以儒家為主導的社會中，形成了一種超穩定的結構〔註3〕，因此以往的知識分子，可以負載著世代相傳的經世情懷，憑藉著古已有之的經驗與範式，去應對時勢、安排人生，然而晚清之巨變，已遠非此所能解決。生存在此變局中的有志之士，一方面思索著中國生存富強之路，一方面又深刻的反省著傳統文化的定位，劉師培即是其中頗具代表性的一個人物。他雖身負三代傳經的淵源家學，又為清代揚州學派的殿軍〔註4〕，晚清國粹學派的中堅〔註5〕，然其卻兼採西

〔註1〕 晚清一般係指鴉片戰爭爆發至辛亥革命成功（1840～1911）。張灝在〈晚清思想試論──幾個基本論點的提出與檢討〉中則說：「1895年以前，士紳階級大多數仍生活在傳統思想裡，當時大儒如朱次琦、陳澧、俞樾、黃以周等人之著作中，幾乎見不到西學的蹤影」，但在甲午戰爭（1894）後，「思想上的變化不但是量的，而且是質的。」（《近代史研究所集刊》第七期，民國67年6月）故其認為甲午戰爭才是晚清真正的交界關口。然而西學在鴉片戰爭之後，雖然並未立即威脅到中國知識分子的文化底蘊，但此戰爭卻敲開了中國長期深鎖的大門，使得中國士人更深入的思考中國學術的特質，及如何調整之以因應時代的需求。因此，個人以為晚清之時代斷限，仍應上溯至鴉片戰爭，而下迄辛亥革命。

〔註2〕 李鴻章〈籌議海防折〉《李文忠公全集》卷二十四，頁11。

〔註3〕 孫隆基認為中國文化的深層結構，具有靜態「目的」意向性，整個歷史發展過程，呈現出一種「超穩定體系」的型態。見氏著《中國文化的深層結構》，頁8～10。

〔註4〕 揚州學派肇端於乾嘉之際。江藩《國朝漢學師承記》中，將揚州之漢學學人集中編排在卷七，計有：陳厚耀、程晉芳、賈田祖、李惇、江德量、汪中、

學，並未自限於傳統之中，具有鮮明的時代意義。本論文以「劉師培之倫理思想研究」爲題，欲藉由劉師培對傳統倫理思想的反省，觀察作爲傳統文化核心的倫理思想，在東西碰撞、新舊交替之際，究竟有沒有出路？又該如何進行創造性的轉化？

在未進入主題的討論之前，基於「知人論世」的原則，我們首先須對劉師培之生平及其治學傾向有所了解；其次，在學術分工日益精細的現代，無視於他人的研究成果，必定事倍功半，是以有關前人研究劉師培的成果，我們亦不可不知；再則，一個問題之所以會被提出，必定有其作（著）者的用意，因而有關論文之研究動機實有說明之必要；又，任何研究都必須界定其資料範圍，且運用有效相應的操作方法，職是之故，本論文的研究範圍與研究方法，我們也有必要對其加以說明。以下即就劉師培之生平及其治學傾向、學界研究劉師培之成果概述、本文研究動機、範圍與方法，三個方面加以述說。

第一節　劉師培之生平及其治學傾向

一、劉師培之生平傳略

劉師培，字申叔，號左盦，又名光漢，一度改名金少甫，另有韋裔、世

顧九苞、顧鳳毛、劉台拱、鍾裹、徐復、汪光曦、李鍾泗、凌廷堪凡十四人。道咸間，阮元以古學居顯位，風聲所樹，揚州學者名家輩出。劉壽曾《傳雅堂文集》卷一〈漚宦夜集記〉認爲其家學乃江永之學的四傳，並謂揚州之學雖出於徽學，但「由專以趨於通核，廓然有以見學術之公，斯又王、汪、焦、阮諸家不同於江、戴之趣也。」（見張舜徽《清人文集別錄》，北京：中華書局，1963 年，頁 516）劉師培亦說，從江中至其先祖，揚州學派係屬皖派嫡系。（參見氏撰〈戴震傳〉，《國粹學報》第二年第二期）而近人張舜徽研究揚州學派，則明言指出劉師培自幼以紹述先業，昌大學派自任，「是清末揚州學派的殿軍」。（見氏著《清代揚州學記》，頁 16）

〔註 5〕晚清「國粹」說盛行一時，主張保存國粹者比比皆是，然非持此論者皆得冠以「國粹派」之名。所謂國粹派，學界歷來用以專指革命派內部，以章太炎、劉師培、鄧實爲代表力主國粹的一派人。鄭師渠曾對國粹派作如下界定：「國粹派是革命隊伍中的一個派別。他們都是一些具有傳統學術根柢的小資產階級知識分子，不僅主張從中國的歷史與文化中汲取精靈，以增強排滿革命宣傳的魅力，而且強調在效法西方改革中國政治的同時，必須立足於復興中國固有文化。所以他們一身兩任：既是激烈的排滿革命派，又是熱衷於重新整理和研究傳統學術、推動其近代化著名的國學大家。」見氏著《國粹、國魂——晚清國粹派文化思想研究》，頁 7～9。

培、光漢子、無畏、激烈派第一人等筆名，江蘇儀徵人。清光緒十年甲申（1884）
閏五月二日（陽曆六月二十四日）生，民國八年己未（1919）九月二十八日
（陽曆十一月二十日）卒，享年三十六歲。

　　他出生於一個三世傳經的書香世家。曾祖父劉文淇（1789～1854），字孟
瞻，少時家貧。舅氏凌曙（1775～1829）憐其穎悟，自課之。文淇年未及壯，
即以淹通經史，知名江淮之間。凌曙終其身以校書授讀爲事，文淇年甫十
八，亦開門課徒，且教且學，以至於大成，與寶應劉寶楠（1791～1855）齊
名，有揚州二劉之目。文淇精研古籍，貫串群經，於毛鄭賈孔之書，及宋元
以來諸學說，博覽冥搜，實事求是，於《春秋左氏傳》致力尤勤。其治左氏
之學，一在理董舊注，一在尋繹舊疏，而於道光八年（1828）有《左傳舊注
疏考正》的刊行，然其《左傳舊注疏證》則僅完成一卷，即辭世而去，成爲
有待其子若孫，繼志述事的大業。文淇一生遊幕四方，助人編書、校書，並
曾爲阮元（1753～1849）聘爲教席。他除了有《左傳舊疏考正》八卷、《左傳
舊注疏證》一卷之著述外，尚有《楚漢諸侯疆域志》三卷、《揚州水道記》四
卷、圖一卷、《讀書隨筆》二十四卷、《青溪書屋文集》十一卷、《青溪書屋詩
集》一卷、《項羽都江都考》一卷等著作傳於世，並主編過《鎮江志》。

　　祖父劉毓崧（1818～1867），字伯山，又字松崖。自少即從其父文淇遊客
四方，助之校書。曾居曾國藩（1811～1872）幕府，任事金陵書局，校堪《王
船山遺書》最勤，又嘗爲杜文瀾纂輯《古謠諺》，有功藝林。毓崧治學，博及
四部，嘗依其父文淇考證《左傳舊疏》之例，爲《周易》、《尚書》、《毛詩》、
《禮記》舊疏考正各一卷，另有《春秋左氏傳大義》二卷、《史乘通義》四
卷、《諸子通義》十卷、《王船山年譜》二卷、《彭城獻徵錄》十卷、《舊德錄》
一卷、《通藝堂筆記》十六卷、《通藝堂文集》十六卷、《通藝堂詩集》一卷等
著作，率皆博綜載籍，旁究根要，表微闡幽，剖析精微，然其對《左傳舊疏
長編》的整理，卻仍未能完成。

　　毓崧有子四人，即劉壽曾（1838～1882）、劉貴曾（1845～1899）、劉富
曾（1847～1928）、劉顯曾（1851～1928），其中以劉壽曾最有名。劉壽曾是
劉師培的伯父，字恭甫，又字芝雲，少工文章，通小學。其父毓崧旅食於
外，而壽曾隨行，嘗助之爲杜文瀾纂輯古謠諺及詞學諸書，每日檢書盈尺，
朱墨雜盡，由是泛濫群籍，而所學益博。毓崧晚年主金陵書局，爲名公卿所
禮重。毓崧卒，曾國藩父子重壽曾學行，復招其至書局，凡所刊善本，多出

其手校。壽曾根柢經學，旁涉四部，著有《昏禮重別論駁議》一卷、《臨川答問》一卷、《南史校議集評》、《傳雅堂集》、《芝雲雜記》、《文譜類釋》、《讀左札記》、《春秋五十凡例表》。而於其祖父文淇晚年所致力的《左傳舊疏長編》，則嚴立課程，銳志擘纂，惜疏稿屬至「襄公四年」，壽曾又卒，千秋大業，仍虧一簣，論者惜之。學界所謂儀徵劉氏三世傳經，即指文淇、毓崧、壽曾也。

劉師培父劉貴曾，字良甫，生而聰敏，曾助其父兄為文事，於曆學用功特深，以通三統、四分之術而名聞東南。叔父富曾，字謙甫；顯曾，字誠甫，二人皆以學識通博、處世勤懇知名，不違其兄弟分別以「恭」、「良」、「謙」、「誠」為字的重德立意。而劉師培一輩堂兄弟四人：劉師蒼，字張侯；劉師慎，字許仲；劉師培，字申叔；劉師穎，字容季，其名字中都分別鑲嵌著一個漢代經師之名，此正顯示這一經學世家，對於其子弟的殷殷期許。

劉師培承三代傳經之緒，加以外祖父李祖望（1814～1881），又為當時的小學家，於《說文》、古韻皆頗有心得〔註6〕；母親李汝諼（1842～1919）也通曉經史詩文，故劉師培從童蒙起，便受經典浸漬薰染。年四歲，母親李夫人授以《毛詩》，即能琅琅上口，解釋《爾雅》、《說文》字義，亦能無一訛誤。五歲，為人寫春聯，能作擘窠大字，時有神童之譽。八歲，已習得《周易》變卦之法。十二歲，讀畢《四書》、《五經》、內典道藏，旁及東西哲學，又習為試帖詩，曾作〈水仙花賦〉及〈鳳仙花詩〉百首，時人目為奇童。十六歲，父貴曾卒，雖家貧不能自給，然學則益勤。十八歲，參加揚州府試，得中秀才，補縣學生員。十九歲，赴南京應鄉試，高中舉人。惜於次年赴開封會試，卻未能及第。

光緒二十九年（1903），劉師培二十歲，赴開封會試不第，歸途滯上海，結識章太炎（1869～1936）、蔡元培（1868～1940）、鄒容（1885～1905）、張繼（1882～1947）、陳獨秀（1880～1942）、蘇曼殊（1884～1918）等愛國學社革命志士〔註7〕，遂傾心革命，從此既站上政治舞台，也活躍於學術舞台。

〔註6〕 李祖望，字賓嵎，江都人。曾從梅植之（1794～1843）學《楚辭》、《文選》，又與同邑劉毓崧等人遊，著有《說文統系表》、《古韻旁證》。其傳見閔爾昌《碑傳集補》卷四十一。

〔註7〕 愛國學社本是中國教育學會應南洋公學裡，因抗議校方壓制言論自由而退學的學生之請求，所設立的一所學校。總理由中國教育會會長蔡元培兼任，學監為吳稚暉，教員有黃炎培、章太炎、蔣維喬等人。

是年，是劉師培生命史上一個極大的轉折：第一、他從傳統參與舉業的學子，一轉而爲激烈排滿的革命分子。他改名「光漢」，立誓要「攘除清廷、光復漢族」，他撰寫《攘書》，闡發「類族辨物」和「春秋內夏外夷」之義，倡言排滿復漢，風靡一時；他撰《中國民約精義》，通過大量材料的羅列，信而有徵的描繪出中國古代民權思想的側影，使得他博得了「東亞一盧騷」的雅號〔註 8〕；他撰《黃帝紀年論》，認爲「黃帝者，漢族之黃帝也。以之紀年，可以發揚漢民族之感覺」，主張用黃帝紀年，公然稱清政府爲「北敵」。第二、他由上海返鄉與何班結婚。何班，江蘇儀徵人，爲武進縣學教諭何承霖次女，其兄何家輅爲劉師培叔父劉富曾的女婿。何班思想前衛，後改名震〔註9〕，字志劍，又爲示男女平等，將姓氏改爲父母兩姓，自署何殷震。其在愛國女校就讀時，極爲活躍，曾以俄國虛無黨員蘇菲亞（sophia Perovskaya 1854～1881）自許，傾向暗殺主義；又頗富艷名，一度與汪公權「形同夫婦，宣言公夫公婦不諱」〔註 10〕，劉師培生性懼內，而又惛急近利，其後背離革命，變節賣友，或多或少都受有何班的影響。

　　光緒三十四年（1908），劉師培二十五歲，這一年又是劉師培生命中的另一個轉捩點。是年，其主辦的《天義報》及《衡報》相繼被查封，又與同盟會革命黨人發生齟齬不睦之事。十一月，劉師培與何班由日本歸國，向清政府兩江總督端方（1861～1911）投誠，也結束了他一生的革命事業。在獻身革命的六年期間，二十歲到二十三歲，他在上海、蕪湖等地，無論是爲報刊編輯或撰稿，或是擔任學校教職工作，都與革命團體人士有所交往，除了以文字宣揚反滿的民族情緒外，更參加了刺殺有聯俄之舉的清政府官員王之春的暗殺活動。他除了「用古文，以保存國粹」，爲《國粹學報》撰稿，試圖用存學以保種救國，亦不忘「修俗諺，以啓淪齊民」〔註 11〕，爲《中國白話報》撰稿，藉淺近通俗的白話文，來教育民眾，啓迪民智。二十四到二十五歲，他在日本東京，加入同盟會，任《民報》編輯，又組織「社會主義講習會」，創辦《天義報》、《衡報》，以文字、演講宣傳社會主義與無政府主義的革命思想，在這段時間裡，他的行事表現，的確如其筆名，是個無所顧忌的「激烈派第一人」。

〔註 8〕棟臣〈題國粹學報上劉光漢同志諸子〉，見《國粹學報》第十六期。
〔註 9〕何班在 1907 年改名何震。
〔註10〕見馮自由〈記劉光漢變節始末〉，《革命逸史》第二集，頁 228。
〔註11〕劉師培〈論文雜記〉，《國粹學報》第一期。

　　背離革命以後的劉師培，二十六到三十歲，他由上海、南京、天津、成都而至太原。他依附權貴，破壞革命活動。先是至南京入端方幕，建議端方設立「兩江存古學堂」，以培訓「國學教員」〔註12〕；又隨端方至天津。宣統三年（1911），劉師培二十八歲，湖南、湖北、四川、廣東等地，相繼發生保路運動，他又隨端方到成都鎮壓，適武昌已宣布起義，端方被殺於資州，劉師培亦被資州革命軍政署拘禁。後幸得章太炎、蔡元培二人營救，始得獲釋。劉氏入幕端方的這段時期，既遭殤女之痛〔註13〕，又有見居之厄，其事之不順，可見一斑。獲釋後的劉師培並未回到上海，他先應謝无量（1885～1964）之邀，至成都國學院講學，並為《四川國學雜誌》撰稿，且有機會與蜀中今文大師廖平（1852～1932）建立學術友誼。民國二年（1913），劉師培三十歲，又由成都至上海轉赴山西太原，任山西都督閻錫山（1883～1960）高等顧問，並創辦《國學鈎沉》。隨後，因閻錫山之薦，到北京任袁世凱（1859～1916）參政，迷戀於名利權勢的追逐之中。

　　民國三年（1914）到五年（1916），劉師培三十一歲到三十三歲，他在北京，重組《中國學報》，又加入籌安會，發表〈君政復古論〉、〈告同盟會諸同志書〉、〈國情論〉等文，附和袁世凱恢復帝制。袁世凱死，他逃匿到天津租界，幸經內閣總理李經羲（1860～1923）基於「人才難得」的考量，始取消通緝，但也結束了他的政治生涯。民國六年（1917）到八年（1919），劉師培三十四歲到三十六歲，這是他生命最後的三年。時蔡元培任北京大學校長，劉師培受聘擔任文科教授，然此時其病瘵已深，不能高聲講讀，但他所編講義《中古文學史》卻甚受學生歡迎。在北大講學的這三年期間，他仍繼續其維護國粹的主張，為《國故月刊》主編，與宣傳新文化的「新青年雜誌」對抗。民國八年（1919）十一月，他終以「一生當論學而不宜論政」的醒悟，結束了他多變而又具爭議的一生。因其身後無子，故叔父顯曾以其孫葆楹承其香火，蔡元培為之經紀其喪，次年二月，由弟子劉文典奉棺回揚州，歸葬於祖塋之原。而其夫人何震，則精神病發作，後削髮為尼，法名小器，不知所終。

〔註12〕劉師培〈上端方書〉，《左盦外集》卷十六，收入《劉申叔先生遺書》（下），頁1729。（以下凡引此書，皆簡稱《遺書》）

〔註13〕宣統二年（1910）春，何震生下一女，取名穎，只活七十六天即夭折。劉師培《左盦外集》卷十六，有〈女穎壙銘〉，《左盦詩錄》卷三、《左盦詩錄續》有〈傷女穎〉五古二首。

二、劉師培之治學傾向

劉師培天生岐嶷，賦質睿敏，既勤於治學，又熱衷於政治〔註14〕。他不僅稟受三世傳經家學淵源的薰陶濡染，嚮慕著揚州鄉賢漢宋兼採、弘通博大的治學格局，且能掌握時代脈動，留心西方新知，熟諳西方社會學〔註15〕，在學術上並不一味守舊泥古。他善於分析，長於綜合，在古今學術思想、經學史、民族史、姓氏學、文字學等領域，均可見其的開拓之跡，而其理董群籍、推見古書大例，更可見其用力之深。在治學上，他有時像一個思想敏銳的新時代探索者，有時又像一個懷舊保守的舊時代固守者。這種看似相悖不容的雙重學術現象，其實與他激烈偏執的生命氣質，有密切的關係，而且也受其政治立場轉變的制約。

晚清是個天崩地解的時代。斯時，西風東漸、物競天擇、合群進化的思想，在中國社會不斷迅速的播演流傳。「考古而不能知今，則爲無用之學」〔註16〕，學術必須與社會現實結合，也逐漸成爲時勢之所趨的呼聲。從光緒二十九年（1903）到光緒三十四年（1908），劉師培獻身革命的期間，他以「物競天擇」、「優勝劣敗」的公例爲論點，發表了大量的著述，闡述民族革命。如其於《中國民族志》中，就闢有「白種之入侵」專章，提醒國人「瓜分慘禍，懸於眉睫」，中華民族若不思奮起，則將有滅種之危。其目的即在喚醒國人對民族危亡的關注，以求生存。又其在《倫理教科書》中，指出：「倫理者，所以維繫人群而使人類常存也。」並從「人訓爲仁，仁從二人」的文字訓詁，證明人類能合群，故能競勝萬物〔註17〕。他關注倫理思想的改革，希望能「振勵國民之精神，使之奮發興起」〔註18〕。而在提倡民族革命的同時，又有《中國民約精義》、《兩漢學術發微》、《讀左札記》等闡述民主思想

〔註14〕尹炎武〈劉師培外傳〉說他：「雖淵靜好書，而心實內熱。」文收《遺書》卷首，頁17。

〔註15〕光緒二十年（1900）庚子義和團之亂後，接受西學才能救亡圖存，已成爲當時士人普遍的共識。劉師培雖未曾上過新學堂，但他以閱讀新式書報的自學方式，吸取了不少西學新知。他在〈擬設國粹學堂啓〉中說：「凡國學微言奧義，均可借晰種之學，參互考證，以觀會通。」（見《國粹學報》第三年第二期）又其〈甲辰自述詩〉自注：「予于西方社會學研究最深。」（收李妙根編《劉師培論學論政》，頁553）

〔註16〕劉師培〈爾雅蟲名今釋〉，《國粹學報》第二十九期。

〔註17〕見《倫理教科書》第一冊第四課「倫理與人類之關係」，收《遺書》（下），頁2027。

〔註18〕見《倫理教科書·序例》，收入《遺書》（下），頁2025。

的論著。學求世用，是劉師培此一時期十分明顯的治學傾向。

在學術立場上，劉師培於獻身革命時期，始則容忍今古文的爭議分歧，如其所撰《讀左札記》、《兩漢學術發微》、《群經大義相通論》都強調今古文互補，並認為非難公羊家言，實匪夷所思。但光緒三十二年（1906）九月以後，他所發表的論著，若《論孔子無改制之事》、《漢代古文學術辨誣》、《近代文學的變遷》、《司馬遷左傳義序例》等，全都是昌大古文而駁詰今文經學之言，考其原因除了其古文經學的家學執著外，更有著欲打破康、梁立憲的經學根據，以順應排滿革命的現實需求。

在對西學的態度上，他清楚的意識到傳統學術有遜於西學之處，「中國科學不興，故哲學與工藝無進步」〔註 19〕，故其在主撰《中國白話報》時，就闢有「文明介紹」、「科學」等專欄，介紹西學新知。而在傳統學術的復興上，其所謂「發明國學，保存國粹」，也並非一味的崇古戀舊、抗拒西學，而是欲「借晰種之學，參互考驗，以觀會通」，使得國學的微言奧義，更易為普羅大眾了解，期能「思想日新，民智日瀹」〔註 20〕。換言之，劉氏所著眼的乃是一種文化的創新。

劉師培資質穎秀，而又少懷大志。他志在光大先學、扶持傾世〔註 21〕。常自比幽蘭，然而「幽蘭悶隨谷，莖葉隨春發」卻「不見美人采，坐歎貞荑歇」；更自期作鴻鵠，然而卻「出門何茫茫，俯仰天地窄」，「流光不我待，白日忽已夕」〔註 22〕。他急於表現，但又生怕時不我予，更擔心無人賞識。由於理想太高，現實環境未必盡如人意，在許多主觀願望受到挫折，諸事不順之際〔註 23〕，他終於背離革命，投靠端方。而在此之後，他的治學傾向也有了明顯的改變。民國前，他致力於古籍的考釋，如《荀子補釋》、《琴操補釋》、《古曆管窺》、《白虎通義源流考》、《白虎通義斠補》、《周書補正》、《周書略說》、《管子斠補》、《楚辭考異》等，都是此時的力作。民國後，他更與新文化運動脫鉤，努力的把自己打扮成經學大師的模樣，嘔心瀝血於《尚書》、《毛詩》、《周禮》、《春秋左氏傳》等古文經典的舊注集疏。其間雖見「尋

〔註 19〕劉師培〈孔學真論〉，《國粹學報》第十七期。
〔註 20〕劉師培〈擬設國粹學堂啓〉，《國粹學報》第十四期。
〔註 21〕劉師培〈甲辰年自述詩〉有謂：「大廈將傾一木支，乾坤正氣賴扶持；試從故國稽文獻，異代精靈黨在茲。」（收入李妙根前揭書，頁 551）
〔註 22〕參見陳燕〈劉師培其人其事〉，《中山大學學報》第三期，1986 年 6 月。
〔註 23〕如：與章太炎發生齟齬，《天義報》、《衡報》相繼被封。

究古說，摭拾舊聞」，證之以實的札實學力，但卻缺乏「深思獨造，貴有新義」，運之以虛的通核之象。由上所述，可以清楚的看出劉師培治學傾向的轉變軌跡。

第二節　學界研究劉師培之成果概述

一、對劉師培其人之研究

學界有關劉師培其人的研究，大致可分為三類：

（一）出於親朋好友和學生之手者

這類作品，多撰於劉師培去世不久後。如：錢玄同〈左盦年表〉、陳鍾凡〈劉先生行述〉、劉富曾〈亡姪師培墓誌銘〉、尹炎武〈劉師培外傳〉、蔡元培〈劉君申叔事略〉、章炳麟〈關於劉申叔君之文八首〉、黃侃〈關於劉申叔君之文二首〉，這些作品今皆收於民國二十五年寧武南氏校印本《劉申叔先生遺書》內。由於作者與傳主有實際的交往，因而留下了許多極為重要的第一手資料，是後人了解劉師培其人，十分珍貴的材料。但也由於作者與傳主之間，特殊的關係與交誼，所以往往會自覺或不自覺地摻雜了個人情感的成分，而在言詞上對傳主有所迴護或閃爍。如：劉富曾在〈亡姪師培墓誌銘〉中說：「姪材瑰奇，少年氣盛，思欲有以自見，然名之所至，謗亦隨之。」〔註 24〕迴護之意就極為明顯。又，劉師培以革命黨人之身份，投靠端方一事，蔡元培於〈劉君申叔事略〉中則說是因「君忽與炳麟齟齬，有小人乘間運動何震，劫持君為端方用」〔註 25〕，亦有意為劉氏辯解。此類問題，都有賴後人於閱讀時深思明辨。

（二）出於與劉氏相識然無私交者

這類作品較著名者，有：馮自由《革命逸史》中所收之〈記劉光漢變節始末〉、〈劉光漢事略補述〉等文。此類作品，作者雖與傳主相識，但並無私交，加上政治立場相左，是以對劉氏較缺乏同情的理解。如：馮自由於〈劉光漢變節始末〉中說：「光漢心銜所提議改組同盟會攘奪幹部職權之策不成，漸有異志。……是時清吏肅王善耆、錢良、端方等鑒於徐錫麟之暗殺，咸有

〔註24〕見《遺書》卷首，頁16。
〔註25〕同註24，頁18。

戒心。各自設法向黨人施展金錢政策，使爲己用。……適光漢因事與章太炎、陶成章等人大起衝突，又以勾結日人奪謀黨權事不理人口，何汪等乘之日夜慫恿光漢使入官場，以圖報復。」〔註26〕用語十分嚴厲。且對劉師培在政治立場上反覆多變的行爲，深表不以爲然，其謂「『一失足成千古恨』，劉光漢一之而再，殆揚雄、華歆之流亞歟！」〔註27〕又言：「說者謂其晚節披猖，由於貧病所致，其然豈其然乎。」〔註28〕批判之意躍然紙上。此皆吾人在使用此類資料時，須特別留意的。

（三）出於一般學者所作

這類作品大致出於知人論世的學術需要而作，或綜述通論劉師培其人，如：王森然的〈劉師培評傳〉〔註29〕、李漁叔的〈劉師培別記〉〔註30〕陳燕的〈劉師培其人其事〉〔註31〕、方光華的《劉師培評傳》〔註32〕、徐虹主編的《北大四才子》〔註33〕。或專就某一特定事件論述劉師培其人，如：經盛鴻的〈劉師培與黃侃交往二三事〉〔註34〕、鄭師渠的〈章太炎與劉師培交誼論〉〔註35〕、陳師慶煌的〈章太炎與劉師培——記章氏顧全友倫營救讀書種子的一段經過〉〔註36〕、李洪岩的〈劉師培背叛革命公案述說〉〔註37〕。此類作品，大抵所論都在劉師培政治立場的搖擺不定，及其於友倫有虧的爭議問題上。此外，尚有一些非特意爲劉氏作傳的著作，亦涉及到劉師培其人，像湯志鈞的《章太炎年譜長編》〔註38〕、楊天石的〈章太炎與端方考析〉〔註39〕等，也都可以補充我們對劉師培的認識。

〔註26〕見馮自由《革命逸史》（二），台北：台灣商務印書館，1965 年，頁 232。

〔註27〕同註 26，頁 233。

〔註28〕同註 26，冊三，頁 192。

〔註29〕王森然〈劉師培評傳〉，《國風半月刊》第四卷第九期，1934 年 5 月 1 日。

〔註30〕文收氏著《魚千里齋隨筆》，台北：中華書局，1970 年，頁 21～24。

〔註31〕同註 21。

〔註32〕方光華《劉師培評傳》，南昌：百花洲文藝出版社，1996 年。

〔註33〕徐虹主編《北大四才子》，長春：東北師範大學出版社，1997 年。

〔註34〕經盛鴻〈劉師培與侃交往二三事〉，《文教資料》第一期，1990 年。

〔註35〕鄭師渠〈章太炎與劉師培交誼論〉，《近代史研究》第七十八期，1993 年 11 月。

〔註36〕文收入《章太炎與近代中國學術研討會論文集》，台北：里仁書局，1999 年。

〔註37〕李洪岩〈劉師培背叛革命公案述說〉，《文史知識》第十一期，2000 年。

〔註38〕湯志鈞《章太炎年譜長編》。

〔註39〕文收入《尋求歷史的謎底》（上），台北：文史哲出版社，1994 年，頁 181～

二、對劉師培其書之研究

劉師培學兼多門，著述宏富。學界對其著述的整理研究，可從下列三個方面來談：

（一）劉師培著述的集結

劉師培的著述，現在大部分集結於寧武南氏校印本《劉申叔先生遺書》中。此書是劉氏卒後十五年，即民國二十三年，由其摯友南桂馨出資，弟子陳鍾凡、劉文典，好友錢玄同整理，再由鄭裕孚、趙銘篪、胡榮校訂，歷時二年始成。全書內容包括論經學及小學、論學術及文辭、群書校釋、詩文集、讀書記、學校教本等六類，共七十四種。這些作品，或取自劉氏家藏稿本、或爲曾出版，或爲登載於各雜誌中者，錢玄同並撰有〈左盦著述繫年〉附於該書之前，是後人探究考察劉師培論學論政及其學術思想，最爲主要且基本的資料。可惜該書自民國二十五年付梓後，迄今六十餘年，一直未見有人對其進行全面的點校工作。這多少也反映出學界對於劉師培的重視，仍有不足。

（二）劉師培著述的再蒐集

寧武南氏校印本《劉申叔先生遺書》，雖然集結了劉氏絕大多數的作品，但仍有不少遺漏。如其於《衡報》上所發表的作品，《遺書》中即一篇未錄；至若《天義報》上的作品，《遺書》亦僅收兩篇，顯然不是劉師培著述的全貌。而海峽兩岸的學者，對於未收入《遺書》中的作品，都曾有人加以補苴整理。像在台灣陳燕的《劉師培及其文學理論》一書，即搜羅整理出未收入《遺書》中，而能確知劉氏寫作年代或發表時間、出處之單篇文章五十七篇、詩十二首、詞一首、口述筆記一本〔註 40〕；馮永敏的《劉師培及其文學研究》〔註41〕，於介紹劉師培的著述時，也列有一份《遺書》「未收的著述」書目。而在大陸，李妙根的《劉師培論學論政》〔註 42〕、王忍之的《辛亥革命前十年間時論選集》〔註43〕，則錄有許多劉師培發表於《衡報》、《天義報》

196。

〔註40〕詳細篇目見陳燕《劉師培及其文學理論》附錄二〈未收入遺書著作一覽表〉，台北：華正書局，1989 年。

〔註41〕馮永敏《劉師培及其文學研究》，台北：文史哲出版社，1992 年。

〔註42〕李妙根《劉師培論學論政》，上海：復旦大學出版社，1990 年。

〔註43〕王忍之《辛亥革命前十年間時論選集》，北京：三聯書店，1978 年。

上討論無政府主義的文章。這些資料都可補充一些《遺書》上的遺漏，使吾人得以在較爲全面的材料基礎上，對劉師培進行研究考察。

（三）劉師培著述選集的編纂

劉師培著述宏富，近年來大陸上有一些劉師培作品選集的出現，如李妙根的《國粹與西化：劉師培文選》〔註44〕、趙愼修的《劉師培：評傳作品選》〔註45〕、勞舒編、雪克校的《劉師培學術論著》〔註46〕等，此類作品是選擇劉氏某些具有代表性的著作，重新點校收錄，這對於研究者來說增添了許多方便，對於想要了解劉師培的讀者而言，則可以斑窺豹。惟有關劉師培的全集，至今仍不見問世，此正有待學界努力。

三、對劉師培其學之研究

劉師培少承家業，篤志力學，興趣既廣，涉獵又博，有關劉師培其學的研究，吾人可從下列七個方面來談：

（一）經　學

劉師培說經「淵源家學，務徵古說」〔註47〕，「平生以張大揚州之學爲己任，而取徑所由，大氐遵其鄉先輩故轍以恢宏之」〔註48〕於樸學的學術天地有不少繼承與開拓。學界對劉師培經學研究作較全面性討論的，有陳師慶煌的《劉申叔先生經學研究》〔註49〕、〈左盦經學綜論〉〔註50〕、湯志鈞的〈劉師培和經學教科書〉〔註51〕。而就劉師培之治一經做專門探究的，有胡自逢的〈劉申叔先生易學綜要〉〔註52〕、黃俶成的〈《書》考流──並論揚州焦、劉諸家《書》學貢獻〉〔註53〕、繆敦閔的《劉師培禮經舊說研究》〔註54〕、

〔註44〕李妙根《國粹與西化：劉師培文選》，上海：遠東出版社，1996年。

〔註45〕趙愼修《劉師培：評傳作品選》，北京：中國文史出版社，1998年。

〔註46〕勞舒編、雪克校《劉師培學術論著》，杭州：杭州人民出版社，1998年。

〔註47〕見尹炎武〈劉師培外傳〉，收入《遺書》卷首，頁17。

〔註48〕見張舜徽《清人文集別錄》，頁625。

〔註49〕陳師慶煌《劉申叔先生經學研究》，台北：政治大學中國文學研究所博士論文，1982年。

〔註50〕陳師慶煌〈左盦經學綜論〉，《孔孟月刊》二十三卷十一期，1985年7月。

〔註51〕湯志鈞〈劉師培和經學教科書〉，《東海學報》三十三期，1992年6月。

〔註52〕文收入國立中央大學中國文學系主編：《第六屆近代中國學術研討會論文集》，2000年3月。

〔註53〕文收中央研究院中國文哲研究所籌備處主辦：《清代揚州學派學術研討會論文集》，2001年5月。

宋惠如的《劉師培春秋左傳學之研究》〔註55〕、方光華的〈論劉師培對《左傳》的整理和研究〉〔註56〕。另綜論劉師培經學思想的有陳克明的〈試論劉師培的經學思想〉等，都頗值得注意。

（二）小　學

劉師培於小學方面成就斐然，而學界對其小學方面之研究，成書的有柯雅蘭的《劉師培文字學研究》〔註57〕；單篇論文則有王世華的〈劉師培與章太炎的新方言〉〔註58〕、郭明道的〈論劉師培校釋群書的方法〉〔註59〕，皆有可觀。

（三）史　學

歷史是人類活動的紀錄，劉師培深諳古代典籍，又常藉西方社會學、心理學、政治學的觀念，來考察中國社會及歷史，且於方志的編修宗旨和體例，有不少理論的建構。學界對劉師培史學的研究，若袁英光、仲偉民的〈劉師培與中國歷史教科書研究〉〔註60〕、鄭師渠的〈晚清國粹學派的新史學探討〉〔註61〕、許衛平的〈清代揚州學者方志學成就簡論〉〔註62〕，皆有相當的參考價值。

（四）文　學

劉師培沉思翰藻，宗文筆之說，為文以篤厚古雅為正。在劉師培文學的研究上，學界有不少具體成績。如陳燕的《劉師培及其文學理論》〔註63〕、

〔註54〕繆敦閔《劉師培禮經舊說研究》，南投：暨南大學中國文學研究所碩士論文，2001年。

〔註55〕宋惠如《劉師培春秋左傳學之研究》，中壢：中央大學中國文學研究所碩士論文，1996年。

〔註56〕方光華〈論劉師培對《左傳》的整理和研究〉，《孔子研究》第四期，1995年。

〔註57〕柯雅蘭《劉師培文字學研究》，台北：東吳大學中國文學研究所碩士論文，2000年。

〔註58〕文收入揚州師院編輯部主編：《揚州學派研究》。

〔註59〕同註58，頁43～59。

〔註60〕袁英光、仲偉民〈劉師培與中國歷史教科書研究〉，《華東師範大學學報》第四期，1998年。

〔註61〕鄭師渠〈晚清國粹學派的新史學探討〉，《北京師範大學學報》，1991年5月。

〔註62〕許衛平〈清代揚州學者方志學成就簡論〉，《揚州大學學報》四卷四期，2000年。

〔註63〕陳燕《劉師培及其文學理論》，台北：華正書局，1989年。

馮永敏的《劉師培及其文學研究》〔註64〕，即有詳細的論述。而李瑞騰的《晚清文學思想》〔註65〕，將劉師培和王國維、章太炎等觀，視其文學思想為晚清文學思想之代表，此一觀點，亦頗值得留意。

（五）政 治

劉師培自二十歲至上海，結識章太炎、蔡元培諸先生，由是許身革命，其後雖於政治立場上多所轉變，但終其一生與政治脫離不了關係。而其政治思想亦引起學界不少的關注。如吳雁南的〈劉師培的無政府主義〉〔註66〕、洪德先的〈劉師培與社會主義講習會〉〔註67〕、趙廣洙的《劉師培的無政府思想》〔註68〕、王汎森的〈劉師培與清末的無政府主義運動〉〔註69〕、孫廣德的〈劉師培政治思想〉〔註70〕趙炎才的〈劉師培無政府主義倫理道德思想析論〉〔註71〕等，都可幫助我們對劉師培之政治思想有所了解。

（六）學術思想

劉師培在義理思想方面，主要是承襲揚州學派弘通博大的治學路向，又常藉西方學術的觀點來參驗融合傳統學術。而學界對其學術思想的研究，若吳光興的〈劉師培對中國學術史的研究〉〔註72〕、李帆的〈論劉師培學術史研究的地位與特色〉〔註73〕、鮑師國順的〈劉師培清代學術史研究初探〉〔註74〕、〈劉師培的人性思想探究〉〔註75〕、〈劉師培理學字義通釋述要〉

〔註64〕同註42。
〔註65〕李瑞騰《晚清文學思想論》，台北：漢光文化事業公司，1992年。
〔註66〕吳雁南〈劉師培的無政府主義〉，《貴州社會科學》，1981年5月。
〔註67〕洪德先〈劉師培與社會主義講習會〉，《思與言》二十二卷五期，1985年。
〔註68〕趙廣洙《劉師培的無政府思想》，台北：台灣大學政治研究所碩士論文，1986年。
〔註69〕王汎森〈劉師培與清末的無政府主義運動〉，《大陸雜誌》第九十卷六期，1995年。
〔註70〕文收氏著《明清政治思想論集》（下），台北：桂冠圖書股份有限公司，1999年。
〔註71〕趙炎才〈劉師培無政府主義倫理道德思想析論〉，《江海學刊》第二期，2001年。
〔註72〕文收《學人》第七輯，江蘇文藝出版社，1995年5月，頁163～186。
〔註73〕李帆〈論劉師培學術史研究的地位與特色〉，《大陸雜誌》一○二卷第六期，2001年。
〔註74〕鮑師國順〈劉師培清代學術史研究初探〉，發表於「第七屆清代學術研討會」，2002年3月9日。
〔註75〕鮑師國順〈劉師培的人性思想探究〉，發表於「第四屆海峽兩岸中山大學中國

〔註 76〕，皆有相當的參考價值。

（七）學術立場

　　劉師培是古文經學家，亦是國粹學派的中堅人物，他批判傳統，但又維護傳統，倡導古學復興。關於劉師培學術立場的研究，討論者不少。如李源澄的〈古文大師劉師培先生與漢古文學質疑〉〔註 77〕、陳奇的〈劉師培的漢宋學觀〉〔註 78〕、〈劉師培力攻今文析〉〔註 79〕、李垣的〈西漢經古文學演變軌跡初探──讀劉師培《漢代古文學辨誣》有感〉〔註 80〕，皆對劉師培之學術立場有清楚的論述。而關於國粹學派的研究，近年學界亦討論的相當熱烈。如羅福惠的〈國粹學派及其經學〉〔註 81〕、蕭瓊瑤的《清末民初國粹思想研究──以國粹學報為中心》〔註 82〕、鄭師渠的〈論晚清國粹學派的經學思想〉〔註 83〕、《國粹、國學、國魂──晚清國粹派文化思想研究》〔註 84〕、黃錦樹的《近代國學之起源（1891～1921）──相關個案研究》〔註 85〕、王東杰的〈國學保存會和清季國粹運動〉〔註 86〕、〈國粹學報與古學復興〉〔註 87〕等作品，都對國粹學派的大將劉師培多所著墨。

　　學術研究雖應從原始文獻入手，但在學術分工日益精細的今日，不能只躲在自己的知識象牙塔內，無視於他人的研究成果，誠如西方歷史學家 F. J.

文學系學術討論會」，2000 年 11 月 15～16 日。

〔註 76〕鮑師國順〈劉師培理學字義通釋述要〉，發表於「中山大學中國文學系第八十三次教師學術討論會」，2001 年 4 月 18 日。

〔註 77〕李源澄〈古文大師劉師培先生與漢古文學質疑〉，《學藝》十二卷六期，1933 年 7 月。

〔註 78〕陳奇〈劉師培的漢宋學觀〉《近代史研究》第四期，1987 年。

〔註 79〕陳奇〈劉師培力攻今文析〉，《貴州大學學報》第二期，1989 年。

〔註 80〕同註 43，頁 92～128。

〔註 81〕文收《近代中國與近代文化》，長沙：湖南人民出版社，1988 年，頁 211～228。

〔註 82〕蕭瓊瑤《清末民初國粹思想研究──以國粹學報為中心》，新竹：清華大學歷史研究所碩士論文，1990 年。

〔註 83〕鄭師渠〈論晚清國粹學派的經學思想〉，《孔子研究》第一期，1992 年。

〔註 84〕鄭師渠《國粹、國學、國魂──晚清國粹派文化思想研究》，台北：文津出版社，1992 年。

〔註 85〕黃錦樹《近代國學之起源（1891～1921）──相關個案研究》，新竹：清華大學中國文學研究所博士論文，1998 年。

〔註 86〕王東杰〈國學保存會和清季國粹運動〉，《四川大學學報》第一期，1999 年。

〔註 87〕王東杰〈國粹學報與古學復興〉，《四川大學學報》第五期，2000 年。

Weaver 說：「儘量閱讀有關所選題目的所有好的第二手作品，顯為明智之舉。棄之不顧，可能虛耗歲月於蒐求原始資料，而此資料已為人所盡知，已經完全消化。即使從史學家的錯誤上，也可以獲得許多，發現其錯誤，看其錯誤如何發生，即是收穫。」〔註 88〕因為學術研究本來就是在代代相傳接續下轉精增華的。

第三節　研究動機、範圍與方法

一、研究動機

倫理（Ethics），是人類社會人際關係的秩序規範。在中國，倫理是文化的核心。以儒家言，「一切精神界科學，悉以倫理為範圍」，「哲學、心理學，本與倫理學有密切之關係，我國學者僅以為是倫理學之前提」，其他如政治、宗教、美學，無一而不可範圍於倫理〔註 89〕。然而自鴉片戰爭以後，中國在各方面都進入一個「數千年未有之變局」，西方倫理思想伴隨著大量的倫理學著作譯介，陸續傳入中國，國人逐漸意識到西方強調自由、權利、個人意志的思想，實為中國傳統文化相對薄弱的一部份。西方倫理學研究的對象、內容、原理、方法、學派及發展動態，也逐漸為國人所關注。而批判傳統文化綱常名教，提倡民權、平等、獨立人格等主張，也在思想界不斷的鼓盪擴散，成為時代響亮的呼聲。

舉凡思想，皆起於人間世，不論其最後是否落回到此人間世，都必然會對人間世有所回應。劉師培身處在這個巨變的時代，外在的社會現實問題，自然會對他有所觸動。在倫理思想方面，他有《理學字義通釋》、《倫理教科書》等專論，又其《周末學術史序》、《兩漢學術發微論》、《中國歷史教科書》，也列有討論倫理思想的專節，同時其《讀書隨筆》、《左盦集》、《左盦外集》中，亦有不少關於倫理思想的單篇論述。由劉師培的著述中，可以看出他對傳統倫理思想的內容、特徵、架構，甚至偏失，有深入精到的考察，且對傳統倫理思想的改革，也提出了不少新見。他關心學術世運，試圖藉由倫理的改革與重建，以「振勵國民之精神，使之奮發興起」〔註 90〕，從而救亡

〔註 88〕轉引自杜維運《史學方法論》，台北：三民書局，1992 年，頁 112。
〔註 89〕見蔡元培《中國倫理學史》，頁 2。
〔註 90〕見《倫理教科書・序例》，收《遺書》（下），頁 2025。

圖存一新民德之用心，正是傳統知識分子對文化的孺慕之情，及其學術良知的具體表現。惜乎歷來學界探討中國近代倫理思想時，對於劉師培幾乎鮮少提及〔註91〕，即連研究劉師培學術的專書、論文，亦罕有論及其倫理思想者，是以本文詳人所略、重人所輕，希望能對此略盡棉薄，也希望經由劉師培倫理思想的被關注、被認識，使得近代中國社會的新舊交替，能更清晰的呈現出來。

二、研究範圍

任何學術研究，首先面對的就是文獻資料，因此必須對於資料範圍作一番界定。劉師培異才挺生，其有關倫理思想方面的論述，大都發表於投身革命的光緒二十九年（1903）到光緒三十四年（1908）之間。本文在材料的運用上，即以他這一時期有關倫理思想的專論及單篇著述為主，藉由原典的點讀、分析、整理，再輔以後人有關劉師培論學的個別研究，加以參證融會。

至於本文之架構如下，共分六章：

第一章：緒論。本章敘述劉師培之生平及其治學傾向，概述學界研究劉師培的成果，並說明本文研究的動機、範圍與方法。

第二章：劉師培倫理思想之基本概念。本章論述劉師培對倫理基本範疇的看法，旨在說明劉師培倫理思想之內容，實由其基本概念推演而來。

第三章：劉師培之己身倫理論。中國傳統社會重視個人修身，強調克己復禮。修己本是倫理之根源核心，但中國人過分節情斂欲的結果，往往造成立理以限事，扭曲自然之情的現象。劉師培於己身倫理方面，不僅保有傳統格致誠正的修養基調，也對於情欲給予合理的安排。本章即論述劉師培在己身倫理方面的見解。

第四章：劉師培之家族倫理論。家族倫理在中國特別發達，但劉師培以為中國所行之家族倫理存在許多弊端，不僅造成人格上的不平等，也因為家族倫理之過度、不當的擴張，造成中國社會重私恩少公德的狀況。本章即論

〔註91〕一般研究中國倫理思想史的專書，多未談及劉師培，故陳少峰於《中國倫理學史》曾說：「劉師培（1884～1919）曾是國粹派民族主義思想的代表者，同時也是影響一時的無政府主義運動的領袖人物之一……。他在中國學術史的研究方面頗受時人重視，而再倫理學的研究方面則一直被忽視。」（北京：北京大學出版社，1996年）然其《中國倫理學史》對劉師培倫理思想的論述，亦僅有一頁半的篇幅。可見劉師培之倫理思想，確實有耕耘開拓的空間與必要。

述其在家族倫理上的主張。

第五章：劉師培之社會倫理論。傳統倫理思想於社會倫理方面著墨較少，但劉師培十分重視社會倫理，他認爲人之所以異於禽獸，乃因爲人能群，是以人應合群，不能因私利而害公益。本章即論述其對社會倫理的看法。

第六章：結論。本章綜合全文的論述，並敘述全文研究的結果與心得。

三、研究方法

本文在研究方法上，除了採用文獻分析法外，亦採用詩文互證法。蓋言爲心聲，經由詩文的鉤沉索隱、補苴罅漏，往往能透顯出人物的心境、學術的精神，或歷史文化背後所隱含的深層社會心理。因此本文寫作，亦留意到劉師培所撰寫的詩文，以及友人和他之間的詩文書札往返。希望藉此能對劉師培的學術思想，有更貼近的理解。

又，人的生命原是一種社會存有（social being）。任何人的思維，必然會受到歷史傳統、時代環境、個人氣質等因素的影響，沒有人可以置外於其所身處的歷史背景〔註 92〕。因此本文在問題探討上，也留意及發生研究法，將劉師培置於他那個西學衝擊、傳統崩解的時代來理解，以掌握其存在情境與其理論學說之間的關係。然而，學術思想、文化現象，雖會受到政治、經濟、社會等外緣因素的影響，但是影響並不等同於決定，它本身仍有其內在理路的發展。劉師培「未冠即耽思著述、服膺漢學，以紹述先業，昌大揚州學派自任」，他的倫理思想在揚州鄉賢的基礎上，有繼承也有創新。因此，本文在研究上亦注意到思想內在理路的演變脈絡。

總之，本文在研究方法上，除了採用文獻分析、詩文互證外，亦關注於外緣背景的考察，與內在理路的掌握，希望能將劉師培倫理思想的脈絡與精神，客觀的呈現出來。

〔註92〕 戴師景賢於《錢穆》一書說：「任何歷史人物必係廣義的歷史事件，或說結構之部分，故其存在之『歷史性』（historicality / Geschichtlichkeit）意義，必應自歷史整體的理解中求取。就歷史研究言，凡針對特殊重要的個人，討論其何以特殊與所以重要，此項探究本身即是有關其所處時代整體意義討論之一部份。」（收入中國歷代思想家【24】，台北：台灣商務印書館，1999 年，頁233）

第二章　劉師培倫理思想之基本概念

　　在演繹法中，前提與結論之間有蘊含關係。易言之，大前提的內涵，會決定其結論，結論的命題，乃由大前提推演而來〔註 1〕。而每個思想家的學說，也必然是依其基本前提之設定，逐步推演以建構其思想體系的。是以吾人欲研究某個人的思想時，實須先對其思想之基本概念加以剖析，才有意義，也才能直透問題的核心。以下論述劉師培對基本倫理範疇的看法，希望能藉此更清楚地掌握其倫理思想之精義。

第一節　對理的認識

　　先秦諸子罕言理。理字最早見於文獻者，為《莊子・養生主》所載「庖丁解牛」中所言的「依乎天理，批大郤，導大窾，因其固然。」所謂依乎天理，即依乎自然法則。其後，《禮記・樂記》將理和欲合在一起講，其言曰：「人生而靜，天之性也；感於物而動，性之欲也。物至知至，然後好惡形焉。好惡無節於內，知誘於外，不能反躬，天理滅矣。夫物之感人無窮，而人之好惡無節，則是物至而人化物也。人化物也者，滅天理而窮人欲者也。」鄭玄（127～200）注「滅天理」一語，謂：「理猶性也。」此時，理的觀念仍不十分突出。「理」之成為中國思想史上一個重要範疇，其事始於三國時王弼（226～249）注《易》，所說的「物無妄然，必有其理。」謂宇宙萬物各有其所以然之理。其後，郭象注《莊子》也說：「物無不理，但當順之。」「理字觀念

〔註 1〕　見張永聲主編《思維方法大全》「演繹推理法」條，江蘇科學技術出版社，
　　　　　1991 年，頁 308～309。

的提出，雖由先秦道家已開始，而直到魏晉新道家，始發揮得精采」。〔註2〕

　　洎乎宋代，經過理學家的深化之後，「理」字便成爲儒者論學的核心，其形上特點也充分被完成。在宇宙論上，他們言「理氣」；在心性論上，他們言「性即理」；在認識論上，他們言「理之得於天而具於心」；而在工夫論上，他們則言「存理去欲」，主張「復其初」。到了清代，伴隨著反理學的思潮，惠棟（1697～1758）以「兼兩」釋理，他認爲「人之性秉於天，性必兩兼。在天曰陰與陽，在地曰柔與剛，在人曰仁與義，兼三才而兩之，故曰性命之理。〈樂記〉言天理，謂好與惡也。」〔註3〕「好惡得其正，謂之天理；好惡失其正，謂之滅天理」〔註4〕。「理，分也，猶節也」〔註5〕。「順理而不失之謂道」〔註6〕。戴震（1724～1777）於晚歲更發狂要打破宋儒的太極圖〔註7〕，在本體論上，他反對「理在氣先之說」；在認識論上，他以爲「德性始乎蒙昧，終乎聖智」，「德性資於學問，進而聖者」〔註8〕，爲學不在「復其初」，而當在「解其蔽」；在理欲觀上，他主張「理者，存乎欲者也」〔註9〕。「無過情無不及情，即謂之理」〔註10〕。至於凌廷堪（1757～1809）則棄理言禮，以禮代理。他認爲「聖學禮也，不云理也」〔註11〕，由學禮可以復性，經由知識學習禮樂，身體操演禮樂，可以達到強化家族倫理，矯正鄉黨禮俗的目的。而阮元（1764～1849）則採鄭玄〈中庸注〉中對仁的訓釋，以「相人偶」來釋仁，他認爲「理必出於禮也」，「五倫皆禮，故宜忠宜孝，即理也」〔註12〕。仁表現在外的行爲就是禮，五倫皆禮，而理必出於禮，這直是要用禮來取消理，用仁來代替理。

　　劉師培對理的認識，可見其所撰《理學字義通釋》「理」字條〔註13〕，以

〔註2〕見錢穆《中國思想通俗講話》第一講「道理」，頁6。

〔註3〕惠棟《易微言下・理》，見《皇清經解》卷三五〇，頁37。

〔註4〕同註3。

〔註5〕同註3，頁38。

〔註6〕同註3，頁39。

〔註7〕參見段玉裁〈答程易田丈書〉，《經韻樓集》卷七，收入《段玉裁遺書》，頁1004。

〔註8〕戴震《孟子字義疏證・理》，收《戴震全集》，頁167。

〔註9〕同註8，頁159。

〔註10〕同註8，頁153。

〔註11〕凌廷堪〈復禮下〉，《禮經釋例》卷首，頁7。

〔註12〕阮元〈書東筦陳氏學蔀通辯後〉，《揅經室續集》卷三，頁124。

〔註13〕收入《遺書》（上），頁461～462。

及《左盦集》卷三〈釋理〉〔註14〕兩篇專論。二文觀點一致，僅在文字敘述上稍有不同。該二文一方面在發明「漢儒義理之宗訓詁者」，另一方面也指出「宋儒義理之不宗訓詁者，所產生之訛誤」。〔註15〕

一、「理」字的含義

劉師培以許愼《說文》：「理，治玉也。從玉，里聲。」及段玉裁（1735～1815）對「理」字的注，作爲討論基礎，並徵引大量典籍古訓，他認爲「理」字的含義，可從三個層面來談。

其一、理或曰文理、或曰條理。文之可分者曰文理，條理即條分縷析，無所紛亂也。如〈中庸〉謂「文理密察，足以有別」；《孟子》謂「始條理者，智之事；終條理者，聖之事」。此乃「理」字最初之訓。

其二、理或訓爲分、或訓爲別。如：鄭玄〈樂記注〉：「理，分也」；賈誼《新書·道德說》：「理，離狀」；班固《白虎通》：「禮義者有分別」；許愼《說文·敘》：「知分理之可以相別異也」。此是漢儒對「理」字相傳之古訓。故劉師培說：「理與釐同，其意取于離析，故事物可以離析者謂之理，人心所以離析事物者亦謂之理」。〔註16〕

其三、物之可以區別者爲理、具區別之能者亦爲理。如：《詩·烝民》：「天生烝民，有物有則」，《易·繫辭》：「俯以察于地理。地理者，即山川脈絡之條理也」，係指物可區別之理；《孟子》：「心之所同然者謂理也、義也」，又「是非之心，智之端也」此乃心具區別能力之證也。故劉師培認爲理包含「在物之理」與「在心之理」，他說：

> 事物之理，必由窮究而後明，條理、文理，屬於外物者也；窮究事
> 物之理，屬於吾心者也。……心理必由物理而後起，物理亦由心理
> 而後明，非物則心無所感，非心則物不可知。吾心之所辨別者，外
> 物之理也，吾心之所以能辨別外物者，即吾心之理也，在物在心，
> 總名曰理。〔註17〕

劉師培以事物之條理、文理，可區別者爲「物理」，而以所以能辨明「物理」者爲「心理」，主張在物在心，總名曰理。所謂「在心之理」即是認知的主

〔註14〕收入《遺書》（下），頁1224。
〔註15〕見《理學字義通釋·序》，收入《遺書》（上），頁460。
〔註16〕見《左盦集》卷三，〈釋理〉，收入《遺書》（下），頁1224。
〔註17〕見《理學字義通釋·理》，收入《遺書》（上），頁462。

體，「在物之理」係指所知的客體。若無可感知的客體，則主體無由感知；若乏能認知的主體，則客體亦未可辨明。換言之，離「物理」則無「心理」可言，離「心理」亦無「物理」可說。此是劉師培論「理」別出心裁的地方。

二、對前儒言理的批評

劉師培〈甲辰年自述詩〉有謂：「程朱許鄭皆賢也，漢宋紛爭本激成」〔註18〕。在治學上，劉氏所遵循的雖是由訓詁以明義理的漢學家途轍，但其並未落入漢宋的門戶之爭中。他對於宋儒之言理，雖多所批判，但並未逢宋儒之說必加否定；而於清儒之論理，雖多表肯定，但亦不諱其疵。如他說：

> 宋儒言理，以天理爲渾全之物，復以天理爲絕對之詞，又創爲天即理、性即理之說，精確實遜於漢儒。然訓理爲分，宋儒非無此說，不得據渾全之訓，而概斥宋儒言理之疏也。近世東原戴氏之解理字也，以人心所同然，情欲不爽失爲理，故能去私戒偏，舍勢論理，而解理爲分，亦確宗漢詁，可謂精微之學矣。惟謂六經群籍理字不多見，此則東原立說之偏耳。〔註19〕

另外他對於戴震僅言「理在事中」，及凌廷堪「以禮該理」的說法，亦有所批評。他說：

> 戴氏詮理，又以理專屬事物，然物由心知，知物即在心之理。嗣凌、阮諸氏，以禮該理，蓋較戴氏爲尤偏矣。〔註20〕

由上可知，劉師培對理的認識，既不同於宋明儒「天理」、「性即理」、「心即理」的傳統，也不同於清儒「理在事中」、「以禮該理」的看法。他不把理視作渾全自足的形而上本體，也反對將理僅黏著形下之器來講，至於以禮儀節文來概括理的內容，就更不可能得到他的贊同。當然，劉師培「在物之理」的主張，與清儒「理在事中」的概念，確實有密切的關係，但其強調「在心之理」的分析、認知能力，則是超越清儒的見解。

第二節　對性、情、志、意、欲的認識

人性的探討，是中國倫理思想中一個重要的命題。關於性，孔子只說：

〔註18〕收入李妙根前揭書，頁550。
〔註19〕同註17。
〔註20〕同註16。

「性相近也，習相遠也。」〔註21〕並未明言其善惡屬性。至孟子則以性中有仁義禮智四端，強調「人之所以異於禽獸者幾希，庶民去之，君子存之」〔註22〕中的人之所以爲人的「自性」，而言性善；而告子則謂「生之謂性」、「食色性也」〔註23〕，以爲性無善無不善；至若荀子則以「凡性者，天之就也」〔註24〕，「生之所以然者謂之性」〔註25〕，「不事而自然謂之性」〔註26〕，爲性字立下界說，並認爲「人之性惡，其善者僞也」〔註27〕。自是而後，歷代學者於性之善惡，爭論不休，而伴隨著對於人性的討論，若情、若志、若意、若欲，也成爲中國思想史中屢被討論的概念。劉師培的《理學字義通釋》中，即將「性、情、志、意、欲」視爲一組相關的問題，而加以討論。

一、性、情、志、意、欲的關係

論性而言及情或志、或意或欲，於前人言論中已多有所見。如在漢代，董仲舒（BC 176～104）《春秋繁露・竹林》即言：「天地之所生，謂之性情」，「情亦性也，謂性已善，奈其情何？」「身之有性情也，若天之有陰陽也，言人之質而無其情，猶言天之陽而無其陰也」。此乃說性中含情，情屬性的一部份。而荀悅《申鑒・雜言下》亦曰：「凡情意心志者，皆性動之別也。」此是說情意心志，都是性之動。到了唐代，韓愈（768～824）於〈原性〉說：「性也者，與生俱有者也；情也者，接於物而生者也。」這是說性乃是天生所具，而情則是與外物相接相感而始生。而李翱（772～841）〈復性書〉則說：「性者天之命也，聖人得之而不惑者也。情者性之動也，百姓溺之而不能知其本也。」又說：「雖然，無性則情無所生矣，是情由性而生。情不自情，因性而情，性不自性，因情以明。」此處雖隱然可見性善情惡的說法，但仍未將性情二者截然劃分對立。至宋代，王安石（1021～1086）〈性情論〉說：「喜怒哀樂好惡欲，未發於外而存於心，性也；喜怒哀樂好惡欲，發於外而見於行，情也。性者情之本，情者性之用。」此乃以體用說性情。而清代戴震《孟子字義疏證》「性」字條以爲「性者，分於陰陽五行以爲血氣、心知、品物，區

〔註21〕《論語・陽貨》。
〔註22〕《孟子・離婁》。
〔註23〕《孟子・告子上》。
〔註24〕《荀子・性惡》。
〔註25〕《荀子・正名》。
〔註26〕同註25。
〔註27〕同註24。

以別焉」，又「才」字條以爲「人生而後有欲、有情、有知，三者血氣心知之自然也。給於欲者，聲色臭味也，而因有愛畏；發於情者，喜怒哀樂也，而因有慘舒；辨於知者，美醜是非也，而因有好惡。」此是以血氣心知言性，又以欲、情、志爲血氣心知的具體內容。

　　劉師培將性、情、志、意、欲縮結在一起談。他以爲其彼此的關係是：

> 性、情屬於靜，志、意、欲屬於動。人性秉于生初，情生於性，性不可見。情者，性之質也；志、意者，情之用也；欲者，緣情而發，亦情之用也。無情則性無所麗，無意、志、欲則情不可見。〔註28〕

人性有體用之殊，而劉師培以動靜來說明體用。就性、情二者而言，性屬靜爲體，情屬動爲用，體不可見，必待用而始見，故性必附麗於情而後見。就情與志、意、欲的關係而言，則情屬靜爲體，志、意、欲屬動，爲情的作用表現。由此可見，情在劉師培的觀念中，既是體又是用。又其對性、情、志、意、欲五者關係之解釋，實與荀悅「情意心志者，皆性動之別也」，李翱「情不自情，因性而情；性不自性，因情以明」，以及王安石「性者情之本，情者性之用」的說法，有前後相承之跡。

二、性、情、志、意、欲的內涵

　　人秉性而生，人性的具體內涵是什麼呢？劉師培說：

> 告子之言曰：「生之謂性。」儀徵阮氏《性命古訓》曰：「性字本從心、從生。」……蓋人稟性而生，故〈中庸〉言：「天命之謂性。」〈樂記〉言：「民有血氣心知之性。」蓋血氣心知即性之實體。古代性字與生字同，性字從生，指血氣之性言；性字從心，指心知之性言也。〔註29〕

又說：

> 戴氏《孟子字義疏證》曰：血氣心知，性之實體也。蓋血氣爲人物所同，而心知則有智愚之別。草木有生性而無覺性，禽獸有覺性而無悟性，惟人具有悟性。有覺性者具有血氣者也，有悟性者具有心知者也。故〈樂記〉言：「民有血氣心知之性。」〔註30〕

劉師培從血氣心知論人性，以爲人有感覺、能思維，此明顯是師法戴震而

〔註28〕見《理學字義通釋‧性情志意欲》，收入《遺書》（上），頁462。
〔註29〕同註28，頁463。
〔註30〕同註28。

來，是對程朱「性即理」說的一種駁斥。

「性之爲類不同，有本體之性，乃人性未與事物相感時之性也。有作用之性，乃人性既與事物相感後之性也。」〔註31〕劉師培所謂「作用之性」，即指情而言，其對情又有怎樣的看法呢？他說：

> 荀子言性之好惡喜怒生於情，不若言性之好惡喜怒生於性也。荀子又言情者性之質也，既以情爲性質，則情必麗性而後見矣。〔註32〕

又說：

> 漢儒訓情爲靜，乃就情之體而言，非就情之用而言。即許君訓情爲陰，陰亦靜字之義，與宋儒排斥情欲者迥殊。〔註33〕

又說：

> 人各有情，觸之而動，然情蓄於中，無事物以感之，則情不呈。
> 〔註34〕

情即好惡喜怒哀樂等情感，它附麗於性而後見。古人訓情爲靜，又有觸動之說，故情實兼體用二端，當其未與外物相接之時，蓄於心中，爲靜爲體，但當其應物而動時則又爲用。

至於情之用乃見於志、意、欲之動，那麼志、意、欲的內涵爲何？劉師培說：

> 人情之動由於感物，情動爲志……心之所欲者爲志，心念之初起者爲意。心念既起則本其情之所發者而見之於外。此志、意所由爲情之用，無意、志則情不可見也。欲生於情，感物既多，心念既起，則心有所注，心有所注，則意有所求，意有所求，不得不思遂其志，而欲念以生，故欲緣情而發，乃情之見諸實行者也。〔註35〕

「未與物接，空無一物謂之性，既與物接，而爲心念所從起者謂之情，心念既發謂之意，意有所注謂之志，意所專營謂之欲」〔註36〕。劉師培對性、情、志、意、欲之關係、內涵的認識，於此可十分清楚地看出來。

〔註31〕見《倫理教科書》第一冊第十課「論人性有體用之殊」，收入《遺書》（下），頁 2030。
〔註32〕同註29。
〔註33〕同註29。
〔註34〕見《倫理教科書》第一冊第十二課「論情之作用」，收入《遺書》（下），頁 2031。
〔註35〕同註29。
〔註36〕同註29。

三、性、情、志、意、欲的善惡屬性

人性善惡的問題，歷來學者各有所見。或謂性善，或謂性惡，或謂性無善無不善，或謂性可以為善可以為不善，謂或性有善有不善，劉師培則以為「律以〈樂記〉人生而靜之文，則無善無惡之說，立義最精」〔註37〕。他說：

> 夫人性本無善惡，善惡之分由於感物而動。習從外染，情自內發，而心念乃生。心念既生，即分善惡，是則有善有惡者，情之用，與性固無涉也。〔註38〕

人性本無善惡，善惡乃由與物相感而生。性體無善無惡，而情、志、意、欲則都屬於有善有惡。又說：

> 孟子言：「乃若其情，則可以為善」，此情可以為善之證。然過用其情，則好惡以偏，至流為乖戾，則情不能謂之善矣。〔註39〕

又說：

> 情有善惡，則意、志緣情而生，亦必有善有惡，孟子言尚志所以正心志之趨向也。趨向既正，即無惡矣。〈大學〉言誠意，所以戒意念之虛妄也。虛妄既消，即無惡矣。〔註40〕

情有善惡，可以為善，亦可以為不善，端視其發用時之偏正以為定，此與惠棟「好惡得其正，謂之天理；好惡失其正，謂之滅天理」、「順理而不失之謂道」的說法，以及戴震「情之不爽失之謂理」的觀點，頗為相近。

劉師培對於性、情、志、意、欲的認識，有不少地方同於前儒之論，但他對於前儒所論常誤情為性，卻深不以為然。他指出：孟子之以「口之於味，目之於色，耳之於聲，鼻之於臭為性」；荀子之以「性生而有好利，有耳目之欲」；告子之以「食色為性」，皆是誤情為性。故而斷定「古人言性分善惡者，皆當易性為情矣」〔註41〕。是以他對前儒所言的「節性」、「率性」，都不以為然，於前儒所論的「滅情」、「無情」、「去欲」、「無欲」，也不表認同。蓋情欲本屬人性自然之內容，不必去也不能去，其無法被取消，但應給予合理的安排，因此劉師培認為如《禮記・禮運》的「治情」，《左傳》的「制志」，《孟

〔註37〕同註29，頁464。
〔註38〕同註29。
〔註39〕同註29。
〔註40〕同註29。
〔註41〕同註29。

子》的「尚志」,《禮記・大學》的「誠意」,才是成善去惡的良方。

第三節　對心與才的認識

　　「心」這個概念,在《孟子》一書中,即有多種涵義。如「耳目之官,不思而蔽於物;物交物,則引之而已矣。心之官則思,思則得之,不思則不得也。此天之所以與我者」〔註42〕,此處「心」與「耳目」相同,都是指生理學上的器官而言;「心有事焉而勿正,心勿忘,勿助長」〔註43〕,這裡的「心」乃指心理學上的覺知和思慮而言;而「雖存乎人者,豈無仁義之心哉?其所以放其良心者,亦由斧斤之於木也,旦旦而伐之,可以為美乎?」〔註44〕所謂的「仁義之心」、「良心」,則為倫理學上的道德意識。如何理解「心」,一直是探討人性本質、道德規範及道德意識形成等問題的重要關鍵。

　　「才」為天賦之本質,其不見於〈大學〉、〈中庸〉,而《論語》、《孟子》中,亦分別僅有七見與十二見。然至宋儒論性時,將人性分為天地之性與氣質之性,且以為天地之性純粹至善,氣質之性則有善有不善。氣質之性即指才,「才」被認定為有善有不善,且被認為須藉由變化氣質,方能去惡成善。此一性兩元論,到了清代遭到許多學者的批判,「才」也成了清儒論學的重要命題之一。如顏元(1635~1704)論「才」之定義,即謂「發者情也,能發而見於事者才也。則非情才無以見性,非氣質無以情才,即無以為性。是情非他,即性之見也;才非他,即性之能也;氣質非他,即性情才之氣質也。一理而異其名也」〔註45〕,又說:「見當愛之物,而情之惻隱能直及之,是性之仁;其能惻隱以及物者,才也。見當斷之物,而羞惡能直及之,是性之義;其能羞惡以及物者才也。見當敬之物,而辭讓能直及之,是性之禮;其能辭讓以及物者才也。見當辨之物,而是非能直及之,是性之智;其能是非以及物者才也」〔註46〕。顏元認為才即性之能,不能將才自性中割裂而論。又其對於氣質之性有善有惡的說法,亦有所質疑。他以為「氣即理之氣,理即氣之理」〔註47〕,理氣合一,理善氣善,氣偏氣雜,都不可謂之為惡,只要能

〔註42〕《孟子・告子上》。
〔註43〕《孟子・公孫丑上》。
〔註44〕同註42。
〔註45〕顏元《存性編》卷二,《顏李叢書》,頁167。
〔註46〕同註45,頁168。
〔註47〕顏元〈駁氣質性惡〉,《存性編》卷一,《顏李叢書》,頁156。

「盡吾氣質之能，則聖賢矣」〔註48〕，是以反對變化氣質之說。而戴震亦謂「才者，人與百物各如其性以為形質，而知能逐區以別焉，孟子所謂『天之降才』是也」〔註49〕。才是性之所呈，由才乃可見性，舍才便無從見性。且亦對程子所謂的「性無不善，而有不善者才也」之說，不表贊同，而認為「才可以始美而終於不美」是由於「才失其才」〔註50〕，並非才有善惡之殊。

　　劉師培《理學字義通釋》中有「心思德」條，有「才」條，而其《倫理教科書》中，也有「論心身之關係」、「說才」等討論心、才概念的專節。以下即論述劉師培對心與才的看法：

一、心能覺能思慮

　　劉師培從中國文字學、以及西方心理學的觀點，來闡釋「心」字的涵義。他認為「心」係指生理學上能知覺能思慮的「腦」。他說：

> 《說文》心字下云：人心，土臧也，在身之中，象形。博士說以為火臧。〔註51〕

又說：

> 案《說文》以心為臟腑之一，仍承襲古代之陳言。今西人心理學以腦髓為心之所在，一切思想咸由腦髓而生，其說雖與《說文》互異，實為精確之言。〔註52〕

心是生理上一個能知覺能思慮的器官，它是人身的主宰，但它又拘於身。劉師培說：

> 人雖腦髓最靈，然人心本靜，感物而動，天下事事物物與四體五官相觸，始由腦筋達腦髓，以生辨別之能。即荀子所謂心有徵知，能緣耳以知音，緣目以知形也。若身體未與物接，則人心雖靈，而比較分析之能，亦無由表見也。〔註53〕

心有徵知，能緣耳以知音，緣目以知形，亦能感物而動。由是劉師培又認為心兼有體用二端。他說：

〔註48〕顏元〈王次亭第十二〉，《言行錄》卷下，《顏李叢書》，頁106。
〔註49〕戴震《孟子字義疏證・才》，《戴震全集》，頁190。
〔註50〕同註49，頁192。
〔註51〕見《理學字義通釋・心思德》，收入《遺書》（上），頁468。
〔註52〕同註51。
〔註53〕見《倫理教科書》第一冊第九課「論心身之關係」，收入《遺書》（下），頁2030。

〈中庸〉言喜怒哀樂之未發，此指心之體言之也；又言發而皆中節，
此就心之用言之也。〔註54〕

劉師培贊同朱子以「心爲人之靈明，所以聚眾理應萬事」來釋〈大學〉，他分
析道：

> 聚眾理之說，近於西人之儲能，所謂默而存之也。《易》言洗心，《孟
> 子》言存心、不動心，皆就心之本體言，與聚眾理之說同。應萬事
> 之說，近於西人之效實，所謂拓而充之也。《論語》言從心，《孟子》
> 言盡心，皆就心之作用言，與應萬事之說同。〔註55〕

人心本靜，本不具有善惡，但卻有聚眾理應萬事之能。故行爲之善惡，悉援
思想之正邪。「思與理合則爲無過之人，思與理違則爲不善之人」〔註56〕。人
心有判斷善惡之能，悉本於中心所欲出。有心存善念之因，即有善德及人之
果。故劉師培認爲修身必先正心，且肯定西人倫理學多與心理學相輔之說，
並認爲「不明心理之作用，不能知倫理之起原」。〔註57〕

二、才有優劣之分而無善惡之別

劉師培以爲《詩經・烝民》所言「民之秉彝」的「秉彝」即是才。才雖
有剛柔、智愚之別，但並無善惡之分。他說：

> 人性本體不可測度，其見於外者，一曰性中所發之情，一曰性中所
> 呈之才。情也者，因感物而發者也。才也者，因作事而呈者也。
> 〔註58〕

又說：

> 人所具之才各殊，然只可被以優劣之名，不得謂之善惡。何則？才
> 本於性，而性之實體即血氣心知是也。血氣心知具生於初，則才亦
> 具於生初，故孟子以才爲天降。然降才所以各殊者，其故有二：一
> 由血氣，以血氣運行之遲速，判性情之剛柔；一由心知，以腦髓之
> 大小完缺，判人心之智愚。〔註59〕

〔註54〕見《理學字義通釋・心思德》，收入《遺書》（上），頁469。
〔註55〕同註54。
〔註56〕同註54。
〔註57〕見《倫理教科書・序例》，收入《遺書》（下），頁2025。
〔註58〕見《理學字義通釋・才》，收入《遺書》（上），頁472。
〔註59〕同註58。

才本於性，因作事而呈。性無善無惡，才亦無善無惡，特爲血氣心知所限，而有剛柔智愚之殊，但剛柔智愚之殊，只可被以優劣之名，而不可謂之善惡。故而劉師培點名批判韓愈，謂「韓昌黎謂性有三品，是誤指才爲性」〔註60〕。同時他對於宋儒以氣質之性有善有不善，欲藉變化氣質以去惡成善的說法，也有所質疑。他說：

> 若〈中庸〉言「雖愚必明，雖柔必強」，愚明柔強皆屬於才，此即變化氣質之說。以人定勝天，是爲人與天爭，此又材質不足限人之說也。〔註61〕

氣質之性即性中所具之才，它雖有高下智愚之分，但人卻可經由自己的努力，使才由柔變強，由愚變智。顏元、戴震、劉師培都不以才爲不善，但顏元否定變化氣質，戴震以爲才得其養，則可無偏無私，而劉師培則強調人定勝天，只要能盡其才而不棄才，才質並不足以限人。此又是三人論才的不同之處。

第四節　對道與德的認識

「道」在中國，很早就成爲一個被普遍使用的哲學範疇。孔子教人「志於道」〔註62〕，要人「憂道不憂貧」〔註63〕、「謀道不謀食」〔註64〕。孟子亦勉人「盡其道而死也，正命也」〔註65〕。而〈中庸〉則謂「率性之謂道」、「修道之謂教」、「道也者不可須臾離也」，認爲能遵道而行者才是君子。到了宋代，朱子則以理來解釋道。他認爲道是「天理之當然」〔註66〕，而人道則是「日用事物當行之理」〔註67〕。這樣的觀點，許多清儒都不表贊同。如惠棟即云：「宋人說理與道同，而以道爲路，只見得一偏」〔註68〕，而戴震更具體的區分了道與理，他說：「曰道曰性，亦指實體實事之名也。道有天道、人

〔註60〕 同註58。
〔註61〕 同註58，頁473。
〔註62〕 《論語·述而》。
〔註63〕 《論語·衛靈公》。
〔註64〕 同註63。
〔註65〕 《孟子·盡心上》。
〔註66〕 朱熹《中庸章句》，頁4。
〔註67〕 同註66，頁2。
〔註68〕 惠棟《易微言下·理》，見《皇清經解》卷三五〇，頁701。

道。天道，陰陽五行也；人道，人倫日用是也。曰善曰理，亦稱夫純美精好之名也」〔註 69〕，「性」指血氣心知；「道」指生命實體的所作所為；理與善是指事物的準則和完美的境地，故道不能以理概之。劉師培在前人論述的基礎上，亦不以理論道，更不認為道為先驗的。

　　德這個概念與道一樣，也是一個很早就被討論的概念。如孔子一方面宣揚「天生德於予」〔註 70〕，承認德是先天的稟賦，另一方面又強調人當「據於德」〔註 71〕，並以「德之不脩」〔註 72〕為憂。而孟子則主張人君應「以德服人」，並認為「以德行仁者」可以為王〔註 73〕。〈中庸〉亦言「大德必得其位」，「大德者必受命」，他們都重視道德修養。劉師培《理學字義通釋》有「心思德」條，有「道」條，《倫理教科書》有「說德」、「說道」等專節。其對道與德又有什麼樣的認識呢？

一、道變動不居

　　劉師培認同前儒將道分為天道與人道，並以氣化之流者為天道，以日用事物當行之理為人道。他認為「道字之義，與行字同。凡事懸一定之準則，以使人共行者皆謂之道」〔註 74〕，但他不認為人道或原於天，或起於三人居室，或為人心所固有。他說：

> 人道之起源則各說不同。或謂道之大，原出於天（董仲舒《春秋繁露》），或謂道起於三人居室（章學誠《文史通義》），或謂道為人心所固有（呂與叔語），三說均非。〔註 75〕

果道非原出於天，不起於三人居室，也非為人心所固有，那麼道究竟由何而起？他說：

> 夫人之初生，本無一定奉行之準則。風俗習慣，各自不同，則所奉善惡亦不同，一群中以為善，則相率而行之，目之為道，習之既久，以為公是公非之所在，復懸為準則，以立善惡之衡。一群人民以為是，則稱為善德；一群人民以為非，則稱為惡德。然溯其善惡之起

〔註 69〕戴震《緒言》上，《戴震全集》，頁 83。
〔註 70〕同註 62。
〔註 71〕同註 62。
〔註 72〕同註 62。
〔註 73〕《孟子·公孫丑上》。
〔註 74〕見《理學字義通釋·道》，收入《遺書》（上），頁 473。
〔註 75〕同註 74。

> 源，則以人民境遇各殊，以事之宜於此群者爲善，以事之背於此群
> 者爲惡，其始也以利害爲善惡，然一國多數人民之意向，既奉此善
> 惡爲依歸，及相習成風之後，即不能越其範圍，此道之起於風俗習
> 慣者也。〔註76〕

道是社會人心的一種動態價值共識，它起於風俗習慣。風俗習慣不同，道亦不同，善惡的判準也自然相異。故同是殺人享神一事，文明社會視之爲極惡，而野蠻之民則因宗教迷信以之爲善。同是謙讓不爭之應世，此在中國被稱許爲善，若在泰西則以爲斯乃放棄自己的權利，不利於己，而稱之爲惡。故天下沒有一定之道。劉師培又說：

> 上古之初，一國之權，操於強者之手，而人民遵其命令，罔敢或違。
> 非惟握制定法律之權也，並握制定道德之權，見其有利於己，則稱
> 之爲善，見其有害於己，則稱之爲惡，善德者，民之當爲者也；惡
> 德者，民之不當爲者也。愚民不識不知，奉君命如帝天，而強者所
> 定之道德，遂爲一國人民所共遵，及人民漸摩濡染，遂本之以定是
> 非，此道之原於政體法律者也，則天下豈有一定之道哉？〔註77〕

劉師培將道的起源歸之於風俗習慣、政體法律，而不承認道有先驗性、普遍性與永恆性，可謂與傳統思想大異其趣。

二、德人己交利

　　道並非先驗存在的絕對本體，而是人類社會的產物。換言之，不是道決定了人的社會生活走向，而是人的社會生活決定了道的內涵。但在中國傳統論道，多以道爲前定，把道視作抽象絕對的本體，由是而衍生出道德決定論，在一定程度上強化了綱常名教的絕對性與權威性，而「君雖不仁，臣不可不忠」、「父雖不慈，子不可不孝」、「一夫可以多妻，女子再嫁即爲不貞」等似是而非的觀念，也被認爲是天理之當然，以致造成許多以理殺人的社會怪象。劉師培從《說文》德字下云：「外得於人，內得於己」，以及《釋名》之釋德字曰：「德者，得也。得事之宜。」的文字訓詁，強調德兼內外，它既「以善念存諸中心，使身心互得其益」，也「以善德施之他人，使眾人各得其益」〔註78〕。而認爲「德爲人己交利之稱」，它應包括「以善念存於中心，使

〔註76〕同註74。

〔註77〕同註74，頁473～474。

〔註78〕見《倫理教科書》第一冊第十五課「說德」，收入《遺書》（下），頁2033。

身心互得其益」，內得於己的己身倫理，也應包括「以善德施之他人，使眾人各得其益」，外得於人的社會倫理〔註79〕。進而對傳統倫理思想提出了不少改革的意見。

德是一切善念的統名，也是一切善行的總名。劉師培批評宋儒之言德，但知「內得於己之為德」，而不知「外得於人之為德」。故「靜觀道體，求之空虛之地，不知德兼體用」〔註80〕，以致形成許多論述上的偏失。

第五節　對仁惠恕的認識

仁是孔子思想的核心。孔子以「愛人」釋仁〔註81〕，勉人「己欲立而立人，己欲達而達人」〔註82〕，「己所不欲勿施於人」〔註83〕；又以「克己復禮」釋仁〔註84〕，勉人「非禮勿視，非禮勿聽，非禮勿言，非禮勿動」〔註85〕，並教人「依於仁」以立身行事，從而建立一套涵蓋浸潤至為深廣，既兼恭、寬、信、敏、惠於一體，又合忠、清、敬、恕諸德於一爐的道德規範體系。孟子繼承並發揚孔子的學說，他亦曰：「仁者，愛人」，「君子以仁存心」〔註86〕；又曰：「仁也者，人也」〔註87〕，要人由「親親而仁民，人民而愛物」〔註88〕，並勸勉國君應「以德行仁」〔註89〕。荀子亦重視仁，他認為「道，仁之隆」，「非天之道，非地之道，人之所以道也」〔註90〕。及後，宋儒以為「自孔門後，人都不識仁」，又批評漢儒對於仁「只把作恩愛說，是又太泥了愛」〔註91〕，而以「愛之理，心之德」〔註92〕釋仁，又將仁予以玄妙化。清代阮元本鄭玄「相人偶」之說，撰有《論語論仁》，試圖恢復孔子仁學

〔註79〕同註78。
〔註80〕同註78。
〔註81〕《論語・顏淵》。
〔註82〕《論語・雍也》。
〔註83〕同註82。
〔註84〕同註82。
〔註85〕同註82。
〔註86〕《孟子・離婁下》。
〔註87〕《孟子・盡心下》。
〔註88〕《孟子・盡心上》。
〔註89〕《孟子・公孫丑上》。
〔註90〕《荀子・儒效》。
〔註91〕陳淳《北溪字義・仁義禮智信》卷上，頁34。
〔註92〕朱熹《論語集注》卷一，頁2。

的本來面目。劉師培在《理學字義通釋》中，有「仁惠恕」條；《倫理教科書》中，有「釋仁愛」的專節；《左盦外集》有釋「仁」的文字，亦循阮元之途轍論仁，以下即論述之。

一、仁以實踐爲本

倫理以人爲本，追求的是人的價值，人性的完善，調整的是人群的關係。〈中庸〉說：「仁者，人也。」孟子也說：「仁也者，人也。」〔註93〕仁是中國人所理解的生命價值之所在。何謂仁？劉師培從文字訓詁的途轍，認爲仁就是親，仁就是不忍之心。他說：

> 許君《說文》，仁字下云：仁，親也。從人、二。〔註94〕

又說：

> 人人皆有好生之心，亦莫不有不忍之心。而不忍之心即由好生之念而起，即孟子所謂怵惕惻隱之心也。故《白虎通》有言：「仁者，不忍也。施行愛人也。」蓋人能恆存不忍之心，即能推恩於人，而施其親愛，此仁德之所由起。〔註95〕

仁即是親，就是好生之心、不忍之心、怵惕惻隱之心。但仁必合兩人而後見，人與人接，仁道乃生。故劉師培說：

> 鄭君《禮記‧中庸》注云：人讀如相人偶之人，謂以仁道待人能相偶也。蓋人必合兩人而後見，人與人接，仁道乃生。〔註96〕

又說：

> 《釋名》云：「仁，忍也。好生、惡殺、善念、忍也。」鄭氏《毛詩箋》曰：「人之心皆有仁義，教之則進，是仁爲人性所含之德也。」然觀《韓詩外傳》引古傳謂：「愛由情出謂之仁。」是仁雖由情生，然必待愛情既生之後，始得謂之仁。仁當指作用而言，非僅指忍心而言也。〔註97〕

「人與人接，仁道乃生」。仁之心雖基於不忍，但仁道之用則在於愛人，仁道之大必以施之人民者爲憑，徒有不忍、怵惕惻隱之心，雖有仁心仁聞，而民

〔註93〕同註87。
〔註94〕見《理學字義通釋‧仁惠恕》，收入《遺書》（上），頁465。
〔註95〕見《倫理教科書》第二冊第二十二課「釋仁愛上」，收入《遺書》（下），頁2060。
〔註96〕同註94。
〔註97〕同註95。

不被其澤，有體無用，不足以稱仁。劉師培甚至認爲，「觀於仁字之從二人，而知克己復禮不足以盡仁字之極則矣」〔註98〕。蓋仁是身體力行，道德踐履的層次。他發原於孝弟，由親及疏，由近而遠，不斷推擴，從而形成一個孝友于家，忠愛于國，老安少懷，安和無傾，雍雍然、穆穆然的太平景象。劉師培描述這樣的社會之形成，說：

> 有子以孝弟爲仁之本；〈中庸〉言仁，以親親爲大；孟子言未有仁而遺其親者，又言親親爲仁，又言仁之實，事親是也，此以仁道推之一族者也。孔子以欲立立人，欲達達人爲仁；孟子言親親而仁民，此以仁道推之一群者也。《易》言體仁足以長人；孟子言以德行仁者王，又言懷仁義必王，言人君能行仁道，必能愛民濟物而與民相親，此以仁道推之一國天下者也。〔註99〕

仁必驗之身行而後見，仁必見之身行而後全。故而劉師培不同意程頤（1033～1107）「愛自是情，仁自是性」〔註100〕之說，也批評朱子（1130～1200）訓仁爲心德，乃是有體無用。〔註101〕

二、仁、惠、恕的關係

　　孔子以愛人爲仁，又以克己復禮爲仁。劉師培以爲許愼《說文》訓恕爲仁，復訓惠爲仁，恕與惠是仁道之見之於實行者。仁道必由惠恕二德而後見，唯惠恕二德其義不同。他分析恕德，說：

> 恕也者，以己量人之謂也，亦即推己及人之謂也。與人相接，以我之所欲所惡，推之於人，人亦以所欲所惡推之於我，而情得其平，是即〈大學〉所謂絜矩，孟子所謂強恕而行，求仁莫近也。〔註102〕

又說：

> 然天下之事又有己所不欲，而人欲者，即有己所欲，而人不欲者。呂伯恭謂此其尤須體會，蓋使人人各得其所欲，方能爲恕。故《說文》訓恕爲仁；墨子言兼相愛，交相利，其視人猶己，亦與恕字之

〔註98〕《左盦外集·仁》，收入《遺書》（下），頁1432。
〔註99〕同註94。
〔註100〕同註95。
〔註101〕同註94。
〔註102〕見《倫理教科書》第二冊第二十三課「釋仁愛下」，收入《遺書》（下），頁2061。

義相同。〔註103〕

恕是以己量人，是推己及人，是〈大學〉所謂絜矩，孟子所謂強恕而行，墨子所謂的視人猶己。必「體民之情」、「遂人之欲」，使人人各得其所欲，方足稱爲恕。

恕與惠同訓爲仁，同是有益於人。但恕即欲立欲達之義，它由至公之心而生；惠則博施眾濟之謂，它由慈善之心而發。劉師培分析說：

> 蓋人類不齊，故施行仁德亦有淺深廣狹之分。推行恕道必視人猶己，且將使天下之民，盡化而爲仁，及曾子所謂君子愛人以德也。
>
> 推行惠德不過推恩及民，使民謳其德，即曾子所謂細人愛人以姑息也。〔註104〕

「推行恕道必視人猶己，且將使天下之民，盡化而爲仁」，「推行惠德不過推恩及民，使民謳其德」，恕德大公至正，惠德不過因民之利而利之，有小大之別也。然二德均由愛人之一念而生，故《說文》同訓爲仁。道德之精神由愛而生，以實踐爲本，所謂力行近乎仁，惠恕二德正是行仁的具體表現。

第六節　對義的認識

倫理之實踐，除仁之外，尚且有義，故人必「居仁由義」，不可自棄〔註105〕。「仁，人之安宅也；義，人之正路也。」〔註106〕孔子以爲「君子義以爲質」〔註107〕，並以「聞義不能徙」爲憂〔註108〕，教人「見利思義」〔註109〕。孟子則有「王何必曰利，亦有仁義而已矣」〔註110〕的垂教。其實，中國倫理思想中一直存在著義利之辨。到了宋代，朱子又以公私來區別義利，其謂：「義者，天理之所宜；利者，人情之所欲」〔註111〕。又在解釋「君子喻於義，小人喻於利」時，說：「君子小人只是一個事，而心有公私不同」

〔註103〕同註102。
〔註104〕同註102。
〔註105〕《孟子・離婁上》。
〔註106〕同註105。
〔註107〕《論語・衛靈公》。
〔註108〕《論語・述而》。
〔註109〕《論語・憲問》。
〔註110〕《孟子・梁惠王上》。
〔註111〕朱熹《論語集注》卷二，頁23。

〔註112〕。自是而後，義利之辨又出現了公與私的新課題。劉師培《理學字義通釋》有「義」字條，《左盦集》有「義士釋」、「釋誼」，《左盦外集》有「信義論」，《倫理教科書》有「釋正義」等專節，對於「義」的內涵有不少闡發，以下試述之。

一、義之本質

愛人爲仁，成己亦爲仁。在德行修養上，孔曰「成仁」，要人盡到推己及人的責任；孟曰「集義」，要人存夜氣、養浩然正氣，有所爲有所不爲。義是人類行爲價值善惡的判準，劉師培從文字訓詁中，認爲義所以正己正身。他說：

> 《說文》義字下云：己之威儀也。從我從羊。又儀字下云：儀，度也。從人、義。是義、儀二字，上古相對爲文。義字從我，謂己身恪守其威儀也；儀字從人，謂與他人交，盡其威儀也。〔註113〕

又說：

> 禮義者，謂己身恪守其威儀也。即宋儒慎動說之所從出，然己身不可一日無檢束也。禮儀者，謂與他人互盡其威儀也，乃威儀之現於外者也。〔註114〕

義是己之威儀，是己身恪守其威儀，是威儀之充於內者也。而儀則是與他人互盡其威儀，是威儀之現於外者也。劉師培由義而及禮義，由儀而及禮儀，所取的正是古代義字，賅禮而言，「禮現於外爲義，以禮爲天下範則謂之儀」〔註115〕的義字之訓。

倫理行爲是一種自由行爲。他是自主、自發的，而且是經過理智的思考、判斷，又經過意志的決定考慮之後而去做的行爲。劉師培從自由不能無所限的觀點，闡釋義的內涵乃在爲其所當爲，亦在不爲其所不當爲。他說：

> 行爲之自由，固爲己身之權利，然自由不能無所限，故有益於人之謂仁，無損於人之謂義。義也者，勿爲所不當爲也。勿爲所不當爲，即能持己之平，裁抑一己之自由，而不復損人益己。情得其平與事得其宜之義同。〔註116〕

〔註112〕黎靖德《朱子語類》卷二十七，頁1127。
〔註113〕《理學字義通釋・義》，收入《遺書》（上），頁470。
〔註114〕同註113。
〔註115〕見《左盦集・義士釋》，收入《遺書》（下），頁1205。
〔註116〕同註113。

人有行動的自由，有選擇的自由，但自由不能無所規限，它最低的限度必須無損於人。義是行事的準則，有所為為義，有所不為亦為義。不為與有為，看似相反，實則相成，一正一反恰是義之兩面。

人有羞惡之心，故能知所裁斷，克己律己，使情得其宜，勿為所不當為，而為其所當為，斯為義。劉師培說：

> 天下惟正直之人守躬嚴肅，以谿刻自處，以克己勵行為歸，故能裁抑己身，使之不能自逞。善夫董仲舒《春秋繁露》之論仁義也，謂春秋之道，以義正我，故義之為言我也。義之法在正我，不在正人，我不自正，雖能正人弗予為義。〔註117〕

義之法在正我，不在正人。劉師培指出義字之真諦即在正身，他說：

> 義字即《論語》正身之義，自正其身即能不納於邪，身能不納於邪，即能不加損害於他人。〔註118〕

又謂：

> 觀《論語》言「君子義以為質」，質字與規律之義同，亦隱含裁制之意，心能裁斷謂之義，而心能裁制己身亦謂之義，故義之為德，所以限抑一己之自由，而使之不復侵犯他人之自由也。〔註119〕

又云：

> 若《論語》言「君子喻義，小人喻利」；《孟子》言「何必曰利，亦有仁義」；董仲舒亦曰「正其誼不謀其利」，蓋喻利謀利之人，不能裁制己身，因擴張一己之權利，致侵奪他人之自由，故利復與義相反，然衡以公例，則不加損害於人，即為由義。楊朱有言，力之所賤，侵物為賤。侵物者，即以權力加人之謂也，故為不義。〔註120〕

君子義以為質，義即正己正身。劉師培以自由、權利等概念說義，他在義的認識上，除了傳統社會好善、慎獨、自省、克己、謹言、慎行等思想外，也含有西方社會的正義、公道、權利的觀念在。

二、義利之辨

古人不諱言利。《尚書·皋陶謨》曰：「正德利用厚生唯和」，《易·乾文

〔註117〕同註113。
〔註118〕同註113，頁470～471。
〔註119〕同註113，頁471。
〔註120〕同註113。

言》亦曰：「乾始能以美利利天下」。劉師培本古人之說，他認為義與利字並言，並非兩字同等並列。他說：

> 古人義利並言，蓋無害於人之謂義，無害於人則人己咸得其益，故
> 利即由義而生。〔註121〕

「無害於人之謂義」，「無害於人則人己咸得其益」，故「利即由義」而生。但後世之人，本末倒置，但曉個人之利，而不知公眾之利，為求利己不惜損人。於是宋儒乃以公與私來區別義與利，惜其矯枉過正。劉師培說：

> 宋儒言克己斷私，於一己之身裁制極嚴，不侵他人之權利，並失一
> 己之自由，即明儒鄒南皋所謂後儒以己身為桎梏也。〔註122〕

又說：

> 夫古人所謂義，乃於自由之中加以制限，非因裁制己身之故而並失
> 身體之自由也。惜宋儒不明此義。〔註123〕

宋儒不明義之真義，過分強調克己斷私，從而使自己的行為受到許多不必要的束圍，真情也無從自然流露，所謂禮義反成了束縛人身心的枷鎖。

利由義生，利非不可求，但見利忘義則為不可取。劉師培強調義利之辨，他說：

> 《禮記·表記》曰：「義者，天下之制也。」制即裁制之制，與正身
> 之義互明。故孔子、孟子及《繁露》均義利並言，蓋律己而無損於人
> 是之謂義，不知律己而損人是之謂利，其意亦由正我而推。〔註124〕

「律己而無損於人是之謂義，不知律己而損人是之謂利」，不明義利之辨，則去邪日近，去正日遠，成為社會之大蠹。劉師培說：

> 近世之人為社會之大蠹者，約有二類：一為眾人所嫉視之人，一為
> 眾人所賤視之人。為人所嫉視者，損人利己之人也；為人所賤視者，
> 枉己徇人之人也。此類之人，均貪利而忘義，不明義利之辨，去邪
> 日近，即去正日遠。〔註125〕

貪利而忘義，不明義利之辨，則社會多損人利己之人，亦多枉己徇私之人。

〔註121〕同註113。
〔註122〕同註113。
〔註123〕同註113。
〔註124〕見《左盦集·釋誼》，收入《遺書》（下），頁1223。
〔註125〕見《倫理教科書》第二冊第二十四課「釋正義上」，收入《遺書》（下），頁
　　　　 2061。

劉師培分析其產生的原因，說：

> 凡損人利己之人，其始也始於不知足。不知足則有所貪，貪貨利、
> 貪聲色、貪權力。貪心既生，由是窮一己之欲，而不恤他人。昔孔
> 子謂「己所不欲，勿施於人」，子貢言「我不欲人之加諸我也，吾亦
> 欲無加諸人」。今之損人利己者則不然，只計己身之得益，不復計他
> 人之有損，由是以己之所不欲者，施之於人，復以人之所欲者，攘
> 之歸己。又慮己謀之不遂也，乃肆行詐偽，公行攘奪，以橫行鄉曲，
> 違背公共之法律，陷害無告之良民。凡蔑理害群之事，靡所不爲。
> 若此之流，咸由於不恕，因不恕而陷於不義。〔註126〕

義者，有所不爲，無損於人；不義者，無所不爲，有損於人。損人利己之人，
由不恕而生，故欲矯此弊，必自躬行恕德始。又說：

> 凡枉己徇人之人，由於有所私。私也者，生於其心爲溺，發於言爲
> 鄙，見於事爲瑣、爲詭、爲欺，懾於勢力，工於營求，故伺候貴顯
> 之門，奔走仕進之徒，昏夜乞憐，甘爲容說以取利，不惜自屈其
> 身以遂鑽營之計。始也以私干人，繼也人亦干以私。受人請託，賄
> 賂公行，雖巧言而顏厚，雖受辱而心驕。又慮人之持己短長也，
> 因畏而柔，因柔而媚，以致改方正之操，效妾婦之行，而磊落之
> 概，梗直之風不復存矣。若此之流，由於無恥，因無恥而陷於不
> 義。〔註127〕

枉己徇私之人由無恥而生。他們與損人利己者同爲社會之大蠹。不恕之人貪
利，不明權限；無恥之人營利，不勵廉隅，他們同樣不明是非、不辨義利。
劉師培以爲欲行社會倫理，必自正身行義始。

第七節　對禮的認識

　　許慎《說文》：「禮，所以事神致福，從示從豊，豊亦聲。」禮，本是
初民宗教上的儀式，浸假而變爲生活上的規範，駸駸乎與法律之功能等矣。
「禮之用，和爲貴」〔註128〕，禮所追求的乃是人與自然，人與他人生活的圓
滿和諧。《史記・孔子世家》稱「孔子爲兒嬉戲，常陳俎豆，設禮容」，及長，

〔註126〕同註125，頁2062。
〔註127〕同註125。
〔註128〕《論語・學而》。

而以「知禮」見稱。孔子對禮甚為重視，其教人學禮，蓋「不知禮無以立」〔註129〕。又認為「恭而無禮則勞，愼而無禮則葸，勇而無禮則亂，直而無禮則絞」〔註130〕，又謂「親親之殺，尊尊之等，禮所生也」〔註131〕，禮是合情合理的節文。而孟子、荀子也十分重視禮，孟子謂「以禮存心」，「言非禮義者為自暴」〔註132〕，「無禮義則上下亂」〔註133〕。荀子亦謂「人無禮則不生，事無禮則不成，國家無禮則不寧」〔註134〕，又以為為學「始乎誦經，終乎讀禮」〔註135〕。禮是合乎道理，體乎人情，一種藹然有容、穆然自斂的德行，也是維繫社會發展的秩序。宋代朱子則以為「禮者仁之著」〔註136〕，又以為「禮即理也」〔註137〕，禮具有「天理之節文」與「人事之儀則」的二重性〔註138〕。理是中，儀則是外；理是體，人事是用。必合天理與人事，禮乃完備。人須秉禮而行，劉師培《倫理教科書》有「論主敬」、「論秉禮」等專節，《左盦外集》有「刑禮論」、「禮問答」，《讀書隨筆》有「克己復禮」，《理學字義通釋》有「恭與敬」的專節，對於禮的概念，有許多討論，可以看出其對禮的認識。

一、禮之本質

儒家倫理體現於禮。劉師培論禮的起源，說：

> 夫民生有知，知而有欲，物之所感，嗜欲從之。物者，此絀彼豐，其數不能相足，是以大富則驕，大貧則憂，憂則為盜，驕則為暴，則有爭利忘義，以亡其身。是故先王因為制禮，坊民所不足，亦以不盡利也。〔註139〕

又說：

> 至於名位不同，禮亦異數。紀以文物，發以聲名，引之表儀，陳之

〔註129〕《論語·堯曰》。
〔註130〕《論語·泰伯》。
〔註131〕《禮記·中庸》。
〔註132〕《孟子·離婁上》。
〔註133〕《孟子·盡心下》。
〔註134〕《荀子·修身》。
〔註135〕《荀子·勸學》。
〔註136〕《朱子文集·答陳器之》卷五十八，頁2825。
〔註137〕《朱子文集·答曾擇之》卷六十，頁2958。
〔註138〕陳淳《北溪字義·仁義禮智》卷上，頁27。
〔註139〕見《左盦外集·禮問答》卷二，收入《遺書》（下），頁1354。

藝極，非以縱耳目悅心意也。將以教民尚辭讓，去爭奪，調均百度，
使財不匱也。〔註140〕

禮定分以節人之欲，以爲民坊。這樣的論點，與《荀子・禮論》所謂：「禮起
於何也？曰：人生而有欲，欲而不得，則不能無求；求而無度量分界，則不
能不爭。爭則亂，亂則窮。先王惡其亂也，故制禮義以分之，以養人之欲，
給人之求，使欲必不窮乎物，物必不屈於欲，兩者相持而長，是禮之所起也」
的說法，前後相承。

禮所以達人之情，適人之性。劉師培說：

禮者，體也。宅心爲體，踐行爲履。先王制禮所以表民情意，以明
天地之體也。故必立度以教節，因儀以辨等，序其尊卑，建其宗主，
定姓紀族，以別婚姻；興滅繼絕以申孝享，秩五典以爲民望，制五
衰而別親疏。貌以擯禮，禮以擯詞，以崇和順，以比物飾，用是父
子有恩，昆弟有親，夫婦有別，族人有序。鄉黨之禮，長不讓幼，
宗廟之禮，親不讓疏，安民和眾，厚之至也。〔註141〕

又說：

禮以崇敬，刑以明威，律以正名，令以存制，禁以齊眾，分以止爭，
六者雖殊，其極一也。〔註142〕

「禮所以表明情意，以明天地之體」，其本質爲敬，這是孔子「禮以敬爲本」，
孟子「恭敬之心，禮也」〔註143〕思想的承繼。劉師培解釋敬字，說：

敬者，警也。言作事當加儆惕也。即《尚書》嚴恭寅畏之意。而振
發有爲之義已隱寓其中，非僅主一無適之謂也。後世以主一無適爲
敬，內省而拘，外慎而泥，求其心而適以錮其心，適成其爲拘淺之
陋儒而已。故主敬與主靜相混，何足爲敬哉？〔註144〕

中國人的性格向來拘謹、內斂，少有眞情的自然流露，即使有也是以溫情脈
脈的方式呈現。此乃肇因於主敬與主靜的相混，劉師培極力爲「敬」字正名，
他說：

《說文》恭字下云：肅也。從心、共聲。敬字下云：敬，肅也。從

〔註140〕同註139。
〔註141〕見《左盦外集・刑禮論》，收入《遺書》（下），頁1707。
〔註142〕同註141。
〔註143〕《孟子・告子上》。
〔註144〕《讀書隨筆・理學不知正名之弊》，收入《遺書》（下），頁1952。

支、苟。又《釋名・釋言語篇》云：恭，拱也，自拱持也。敬，警
也，恆自肅警也。其訓最精。恭指容言，乃威儀發現於外之謂也。
敬指事言，乃人心恆自警肅之謂也。〔註145〕

蓋未作事之先，即存不敢怠慢之心，是之謂敬。劉師培以為禮可以矯人民自
肆自廢之弊。他說：

恭敬由禮而生。先王制禮，所以矯人民自肆自廢之弊也。〔註146〕

「自肆之人一任身體之放縱，而不復有所拘」，「自廢之人不知振作其精神，
溺於懈惰」〔註147〕，必矯之以敬，方可使人人不自放、不懈惰。他批評宋儒
言恭敬之不當，說：

宋儒之言恭者，以禮儀為桎梏，束縛身體之自由。宋儒之言敬者，
存心虛漠，致與事物相忘。是恭訓為拘，敬訓為靜，雖足收斂身心，
使之不能自肆，然活潑之風，進取有為之志，全為恭敬二字所拘，
非趨天下之人於自廢乎？〔註148〕

禮一方面注重個人情性之自由，一方面又注意個人行為的外在規範。禮，稱
情以節文，而非立下許多規範，對人的情性加以束圍。

二、秉禮處世

禮是立身處世的準則，是為維持人與人之間的和諧圓滿，所自然衍生出
的規範。劉師培以為「古人以禮範躬」，「以禮接人」，「事師有事師之禮，
遇賓有遇賓之禮，即事上使下亦莫不有一定之規」〔註149〕。他分析禮儀的內
涵說：

夫所謂禮儀者，言與容二者而已。對於社會修容之法有四：一曰適
度，二曰自然，三曰貴慎，四曰不佻。立言之法有五：一曰當，二
曰慎，三曰實，四曰不為傷物之言，五曰不為無益之言。〔註150〕

人心之若何，可於言容觀其微，故人應秉禮以行事。而如何秉禮？劉師培
說：

〔註145〕見《理學字義通釋・恭敬》，收入《遺書》（上），頁471。
〔註146〕同註145。
〔註147〕同註145。
〔註148〕同註145，頁472。
〔註149〕見《倫理教科書》第二冊第二十九課「論秉禮」，收入《遺書》（下），頁2065。
〔註150〕同註149。

－43－

> 人欲秉禮厥有三端。一曰不驕，古人以謙為美德，而孟子亦言訑訑顏色足以拒人。蓋驕則與人以難堪，故驕者必有所挾。惟不以意氣凌人，不以言語加人，斯為不驕。否則在平時則絕物，在亂世則危身，不可不察也。二曰不慢，古人之接物也，貴敬而賤慢。慢也者，合驕惰二氣而成者也。人性莫狎於鄉鄰，禮莫疏於故友，故慢容易生。然《韓詩外傳》謂「禍生於懈惰」，蓋慢亦與人以難堪，與狹侮同。倨傲者，人望而畏之；惰散者，人望而鄙之，不可不察也。三曰不諂，《禮》言「上交不諂」，曾子謂「脅肩諂笑病於夏畦」，是諂與枉己者相同，亦非美德。〔註151〕

言輕則遭憂，貌輕則遭辱。禮之目的乃在和洽人群、自尊尊人，故人應不驕、不慢、不諂，修己以敬，秉禮處世。

〔註151〕同註149，頁 2066。

第三章　劉師培之己身倫理論

　　倫字從人，而理字最初訓為文理、條理，學科之以理字標目者，皆含有條理秩序之義。劉師培認為「人與人接倫理始生」，「倫理者，猶言人人當守其為人之規則，各遵其秩序耳」〔註1〕換句話說，倫理是人與人相接而自然形成的秩序條理，是人人當盡的人之所以為人之道。

　　西人之治倫理學者，析倫理為五種：一曰對於己身之倫理，二曰對於家族之倫理，三曰對於社會之倫理，四曰對於國家之倫理，五曰對於萬有之倫理。而中國之言倫理也，稱為人倫，亦稱五倫，依劉師培之意，父子有親、夫婦有別、長幼有序，此對於家族之倫理；朋友有信，此對於社會之倫理；君臣有義，此對於國家之倫理。蓋人與人接，倫理始生，僅一人則倫理不可見，故五倫實就倫理之用而言，是一種關係本位。然「倫之義取於比，理之義取於分」，劉師培以為「倫理雖合數人而後見，仍當以己身為主體」〔註2〕，此中國人特重修身之故。蓋修身為倫理之體，全其體才能大其用，故中國歷代思想家對於己身之倫理，莫不致力關注。

　　倫理有體有用，體者成己，用者成物，體用兼備，倫理始全。劉師培以為〈大學〉言正心、誠意、修身，即對於己身之倫理也；〈大學〉言齊家，即對於家族之倫理也；〈大學〉言治國、平天下，即對於社會、國家、萬有之倫理也；西人之析倫理學者為五種，正與〈大學〉所言相合〔註3〕。中國人重視

〔註1〕見《倫理教科書》第一冊第一課「釋倫理之義」，收入《遺書》（下），頁2026。
〔註2〕同註1。
〔註3〕同註1。

己身倫理，此不僅在儒家「自天子以至於庶人，壹是皆以修身爲本」〔註4〕，認爲「以修身自強，則名配堯舜」〔註5〕爲然；其在墨家「志不強者智不達，言不行者行不果」〔註6〕亦然。惟儒家的倫理觀，發之於宗法傳統、宗族組織，講求親疏差等；而墨家的倫理觀，則建基於墨者團體，反宗法，而以兼愛代替差等之愛，其最重要的價值觀念，不是孝弟忠信，而是正義、公道、平等。然無論是儒家之言推擴或墨家之講兼愛，己身倫理皆爲倫理的起點，蓋盡己之性，方能盡人之性、盡物之性。劉師培既然關注傳統倫理思想，自不可能忽略己身倫理的重要性，本章論述劉師培之己身倫理論。

第一節　修身爲實踐倫理之基

一、修身之重要

倫理以人爲本，己身爲倫理的主體。「修身者，所以自治其身，而使己身爲完全之人也」〔註7〕，它是社會康寧和諧的根本。人何以應當修身？劉師培認爲其故有二：

（一）矯氣質之蔽

與戴震相同，劉師培也以爲血氣心知是性之實體，但戴震以爲人無有不善，劉師培則認爲性體屬靜，空無一物，無善惡可言。善惡之分，在於情的發用，也就是在於情、意、志、欲的表現，用之得宜即爲善，用之不得宜則爲惡。而對於宋儒所言的氣質之性，劉師培則認爲「才本於性，性無善無惡，特爲血氣心知所限，而有剛柔智愚之殊」〔註8〕。才指人的材質而言，只有高下的分別，而沒有善惡的意義。所謂變化氣質，並不是道德上的去惡成善，而是指才能上的由弱轉強，由愚變智，化偏爲中，易莠爲良。

修身所以正身、潔身、澡身。人何以當修身？劉師培說：

> 荀卿有言人之性惡，其善者僞也。說雖稍偏，然生人氣質各殊，不能盡合於中行。〈洪範〉言高明沈潛，孟子言狂狷，此秉質之偏也。

〔註4〕《禮記·大學》。
〔註5〕《荀子·修身》。
〔註6〕《墨子·修身》。
〔註7〕見《倫理教科書》第一冊第七課「論人當修身之故」，收入《遺書》（下），頁2029。
〔註8〕見《理學字義通釋·才》，收入《遺書》（上），頁472。

　　孔子言上智下愚，此受性之偏也。〈大學〉言親愛、賤惡、哀矜、畏
　　敬、教惰各有所辟，此用情之偏也。又孔子推好仁、好智、好信、
　　好直、好勇、好剛之弊，又言柴也愚、參也魯、師也辟、由也喭，
　　復言師也過，商也不及，此氣質各偏之證。氣質既偏，使順其性質
　　之自然，則身操重柄，凡用一人施一事，亦必各有所偏。由一人性
　　質之不善，而其害及於社會國家，此人身當修身之故。〔註9〕

血氣有剛柔之殊，心知有智愚之別。「人之所以不純正者，率由於性質嗜欲之
偏，故強暴之人多率意侵陵，柔弱之人多放辟自廢」〔註10〕，修身可以矯氣
質之蔽，變化氣質，如《尙書》中〈皋陶謨〉所謂「寬而栗、柔而立、願而
恭、亂而敬、擾而毅、直而溫、簡而廉、剛而塞、彊而義」，使人成爲完全無
過之人。故人須振厲精神，正心誠意、日新日進，革除一切之惡根，以成善
達才。

（二）脫習俗之怨

　　習俗，是人類心靈的創造物。它因時代環境的刺激而產生，因大眾的需
要與社會的共仰而延伸。人在人群裡生活，其人生價值、態度、行爲與習慣，
不可能不受社會習俗的影響。故孔子稱「擇不處仁，焉得知」〔註11〕，荀子
謂「君子居必擇鄉，遊必就士，所以防邪僻而近中正也」〔註12〕。然而個人
的性格、行爲，固受有環境的影響，反映著人群生活的價值與要求，但「若
夫豪傑之士，雖無文王猶興」〔註13〕，個人的行爲亦能影響人群，甚至改造
社會。劉師培以爲欲脫社會習俗之怨，修身爲其不容怠緩的課題。他說：

　　人之有身，咸爲風俗習慣所囿。文武興則民好善，幽厲興則民好暴。
　　富歲子弟多賴，凶歲子弟多暴，此善惡隨時而區者也。齊民多夸詐，
　　魯民多重厚，楚民多輕佻，秦晉之民多雕悍，此善惡隨地而異者也。
　　習於善則善，習於惡則惡，此善惡隨習而異者也。且民有喜怒哀樂
　　之情，感物而動，使好惡無節於內，知誘於外，則惡根時時發生，
　　日趨於爲惡，不自知其所以然。其始也，不過一人之不善，然同化

〔註 9〕同註7。
〔註10〕見《倫理教科書》第一冊第八課「論修身之難易」，收入《遺書》（下），頁
　　　　2029。
〔註11〕《論語・里仁》。
〔註12〕《荀子・勸學》。
〔註13〕《孟子・盡心上》。

之人日增，即爲社會國家之大蠹，此人身當修之故。〔註14〕
「人之有身，咸爲風俗習慣所圍」，隨時而區，因地而異，「習於善則善，習於惡則惡」。一人之不善，可以同化他人而爲社會之大蠹，「國家合人而後成，使人人能修身，則人人咸知自重，而一國之中無惡人，此政治所由日善，而刑罰所由日省也」〔註15〕。劉師培極推崇墨家言修身，與〈所染篇〉相輔，「所以分善惡之途，而絕一切之惡習」〔註16〕，爲脫習俗之怨，他認爲人須修身。

二、個人之義務

人與人接倫理始生。「倫理者所以維繫人群，而使人類常存者也。若倫理不存，則人類早歸澌滅矣」〔註17〕。而基於「利物之亦爲利己」，盡了「義務」方有資格言「權利」，「豈有權利義務之界不明，而克稱倫理者哉」〔註18〕的認識，劉師培極重視修身，亦即極重視個人在人己關係中，安身立命的義務。

（一）省　身

心爲人身之主宰，省身即以心拘身之一端也。劉師培認爲「省身即所以去惡而就善」〔註19〕，它既包含著事之未爲之先的愼獨，也包含著事之已爲之後的自責、改過、自勉、自強。他說：

> 曾子言吾日三省吾身。省身者，即反求於己心之謂也。故古人亦謂之反躬。蓋反之於心而安，則事可爲，反之於心而不安，則事不可爲。一曰省之於未爲之先，凡作一事必先省之於心，以衡其爲善爲惡，然後本己心所安者而施之於事，此古人所由察幾之說也。一曰省之於既爲之後，既作一事，復省之於心，以定其爲善爲惡。惡則改之，善則加勉。〔註20〕

又說：

〔註14〕同註7。
〔註15〕同註7。
〔註16〕同註7。
〔註17〕見《倫理教科書》第一冊第四課「論倫理與人類之關係」，收入《遺書》（下），頁2027。
〔註18〕見《倫理教科書》第一冊第六課「論權利義務之界限」，收入《遺書》（下），頁2028。
〔註19〕見《倫理教科書》第一冊第十八課「說省身」，收入《遺書》（下），頁2035。
〔註20〕同註19。

人生之初，不能完全無過，非眞自甘於有過也。大抵由於一己之
偏，認惡爲善，初不知其陷於過失耳。即有自知其失，而固蹈之
者，亦由祇計利害，不顧是非，蓋人人咸有自私之念也。然人心本
明，既與事物相接，比較分析即生辨別善惡之能。眾人以爲善，即
己心亦知其爲善；眾人以爲惡，即己心亦知其爲惡。所謂省身者，
即凡作一事，必先衡之於己心，使所爲而是，則喜悅之心生；使所
爲而非，則愧怍之心生，由是良心之中乃具一去惡就善之性能。此
種性能雖由吾心而發，然古人以其足以克治己身也，遂對之而生信
仰敬虔之情。《詩》言「不愧於屋漏」，〈大學〉、〈中庸〉言「愼
獨」，孟子言「不愧不怍」，即以己心檢察己身之意耳。〔註21〕

在中國思想史上，個人修養一直居於主流的地位。就修身方面說，古聖先賢
一再強調「自省」、「自反」、「反求諸己」、「反身而誠」之類的工夫，孔子也
以「德之不修，學之不講，聞義不能徙，不善不能改」爲憂〔註22〕。省身者，
即「反求於心之謂也」，「反之於心而安，則事可爲；反之於心而不安，則事
不可爲」，是「以己心檢察己身之意耳」，亦即一種克己、修己的工夫。蓋自
省方能自知，自知方能約束自己，健全身心，寡過寡尤。省身爲成德之基，
是個人不可輕忽的義務。

（二）立　志

倫理者，始於修身。而修身者，所以自治其身，守身以律，使己身爲完
全純正之人。劉師培極推崇孔子的性近習遠之說〔註23〕。立志亦爲劉師培所
認爲的個人應盡的義務。他說：

昔張稷若作〈辨志篇〉，謂「人之初生，未始有異，而卒至於大異
者，習爲之也。習之所以日異者，志爲之也。志在乎此，則習在乎
此矣；志在乎彼，則習在乎彼矣」；又謂「志之爲物，往而必達，圖
而必成。及其既達，則不可以反也；及其既成，則不以改也」，立說
最精。〔註24〕

〔註21〕同註19。

〔註22〕《論語・述而》。

〔註23〕劉氏《周末學術史序・心理學史序》謂：「東周學者言性各殊，孔子性近習遠
之旨，立說最精。蓋孔子之意，以人生有性，大抵差同，因習染而生差別。」
見《遺書》（上），頁504。

〔註24〕見《倫理教科書》第一冊第二十課「說立志下」，收入《遺書》（下），頁

孔子只言「性相近，習相遠」，張稷若（1612～1677）則指出「習之所以日異者，志爲之也」。劉師培引張稷若之說，正在強調人不可無志，且還不能不敬愼其志。蓋「志也者，起念之始也，作者之先導也」，他說：

> 《論語》言「志道」、「志學」。志也者，猶言人人之所趨向也。凡人身之善惡，悉視所志之正邪。《禮》言「凡學士先志」，孟子言「尚志」，朱子以高尚其志釋之。夫所謂高尚其志者，一曰不欲後他人，一曰不欲倚賴他人。不欲後他人，是爲自重；不欲倚賴他人，是爲自立。〔註25〕

人應立志，且宜高尚其志，就善而遠邪。立志所以自重自立，成爲有用之人，不爲社會國家的大蠹，這是個人不可輕忽的義務。他分析人而不能自重自立的原因，說：

> 蓋不能自重者，由於自甘暴棄；不能自立者，由於不能自信，是皆無志之人也。無志之人，由於無恥。而無恥之弊一由見善而不爲，此放僻自廢之人，甘居人下者也；一由見惡而無所不爲，此同流合污，甘趨下流者也。〔註26〕

「不能自重者，由於自甘暴棄；不能自立者，由於不能自信」，是皆無志之人。無志之人，則易流爲無恥，見善而不爲，見惡而無所不爲，以致敗德亂行。

志念與行爲相表裡，志立乎中，樂善不倦，即能日新日進，成材成德，有益社會國家。無志之人，或甘居人下，或甘趨下流，成爲社會國家之大蠹。而無志之人何以日多？劉師培說：

> 夫人舍昏愚之人莫不有志。其所以自甘放棄者，始也由於不能銳進，因不能銳進之故，遂甘居人下而不辭，此漫無所志之人所由日多也。其所以不能自信者，由於不能堅持，因不能堅持之故，遂役於外物而自失其本心，此志於邪惡之人，所由亦多也。〔註27〕

人之智慧有高下，體力有強弱，惟毅力可以補救其缺陷。毅力者，自強不息，剛健銳進之謂。依劉師培之意，無志之人所以日多，乃由於不能銳進，因此

<hr>

2036。
〔註25〕見《倫理教科書》第一冊第十九課「說立志上」，收入《遺書》（下），頁2035。
〔註26〕同註25，頁2036。
〔註27〕同註25。

他以為人當奮勉自強以為豪傑。他說：

> 天下非勇猛之人不能銳進，天下非果決之人不能堅持。故王船山有
> 言「聖賢教人須從豪傑上做起。」蓋所謂豪傑者，即勇猛果決之人，
> 亦即自重自立之人也。非自重自立不能立志於心，非勇猛果決不能
> 本所志而實行。〔註28〕

豪傑為勇猛果決之人，為自重自立之人。然「志立於心猶穀種之播於地。
種美穀則美穀生，種惡穀則惡穀亦生。然非加以栽培之力，則美穀亦不生」
〔註29〕，人不僅須立志，且立志之後還須繼以銳進堅持之力，力行不輟，斯
所志方可有成。

（三）好　學

劉師培重學，好學亦為個人義務的一個要目。人何以當學？他說：

> 人身行為之善惡，悉由習染而殊。若日與學術相親，則所習者正，
> 不致流入歧途。又人心有思辨之能，非有事物感之，則其能不見。
> 若人能力學，而所學又不止一端，則人心之中自生思辨。學術之能
> 而心體之明，又因之而畢逞，是則學也者，非唯有益於倫理，且兼
> 有益於心理矣。〔註30〕

「人身行為之善惡，悉由習染而殊」，而人身行為之規矩準繩因學而得，人心
思辨之能因學而明，「學也，非唯有益於倫理，且兼有益於心理」，好學近乎
智，智者不惑，故學是個人應盡的義務。

至於學的內涵為何？他說：

> 昔〈中庸〉以智仁勇三者為達德，果何為哉？智也者，屬於知識者
> 也；仁也者，屬於德行者也；勇也者，屬於體魄者也。知識不高，
> 無以治身；德行不立，無以立身；體魄不強，無以衛身。然欲明治
> 身、立身、衛身之道，非學末由。故西人之論教育也，分為智育、
> 德育、體育三種。〔註31〕

儒家以智仁勇為三達德。智也者，屬於知識，所以治身；仁也者，屬於德行，
所以立身；勇也者，屬於體魄，所以衛身。欲明治身、立身、衛身之道，非

〔註28〕 同註25。
〔註29〕 同註25。
〔註30〕 見《倫理教科書》第一冊第三十二課「說學」，收入《遺書》（下），頁2043。
〔註31〕 同註30。

學末由。智、德、體皆臻健全，才是完全無缺之人。故他推崇西人之論教育，分為智育、德育、體育三種。他說：

> 倫理屬於德育；體操、衛生屬於體育；而心理、論理、歷史、地理、數學、理科、圖畫、音樂以及農業、工業、商業各專門，皆屬於智育。是則學也，所以有益於己身者也。故人當求學，亦為己身應盡之倫理。〔註32〕

在傳統的觀念裡，仁被視為全德，是一切德性的總括；知則為知天理及致天理〔註33〕，亦偏於德性之知；而勇所強調的亦在有所為、有所不為，貧賤不移、威武不屈的一面。劉師培論「學」的內涵，則能跳脫傳統社會唯德是偏的框架，且注意到了體操、衛生、心理、論理、歷史、地理、數學、理科、圖畫、音樂以及農業、工業、商業各項專門的智能，這已與今日我們「發展國民之民族精神、自治精神、國民道德、健全體格、科學及生活智能」的教育文化政策，相去不遠。〔註34〕

「學」的目的乃求有益於身心，有用於社會。劉師培考察傳統的教育，說：

> 中國當三代時，教育一端亦智育、體育、德育並重。厥後教育日廢，所學非所用，所用非所學，故學術一途，非為無益於身心，亦且有害於身心。唯顏習齋先生學尚實行，所定學規有理學齋，所以重德育也。有武備齋，所以重體育也。復設文事、經史二齋，所以重智育也。故德育、智育、體育俱備，然後智仁勇三德全。智仁勇三德既全，乃合完全之人格。〔註35〕

劉師培推崇顏元，他認為顏元所定學規，有理學齋、武備齋、文事齋、經史齋，重視智育、德育、體育，能造就出智仁勇三德具備的健全人格。

〔註32〕同註30。

〔註33〕如〈中庸〉即言「思修身，不可以不事親；思事親，不可以不知人；思知人，不可以不知天。」又《論語‧雍也》載哀公問弟子，孰為好學。孔子亦以顏回「不遷怒，不貳過」為好學，對之。

〔註34〕我國憲法第一五八條謂：「教育文化，應發展國民之民族精神，自治精神，國民道德、健全體格、科學及生活智能。」劉師培重視智育、德育、體育，把思想、學術、生活、道德、藝術、體魄、職業各種學問範疇的功能冶於一爐，與今日我們國民教育「以養成德、智、體、群、美五育均衡發展之健全國民為宗旨」若合符節。

〔註35〕同註30。

（四）治 生

孔子立教，以「樂佚遊」爲戒〔註36〕，又謂「飽食終日，無所用心，難矣哉」〔註37〕。劉師培亦以治生爲個人的義務，強調健全身心，自食其力，不做游惰之民，深以成爲社會國家之大蠹爲戒。他說：

> 大約天下有生財之人，有耗財之人。生財之人，農工商賈是也。故勞力之人，即興利之人也。不能興利，不能勞力，即爲耗財之人。〈大學〉言「生之者眾，食之者寡」，即言一國之中，當比較生財耗財之數，以判富貧。蓋耗財之人即古之所謂游惰之民也。胥天下而爲游惰之民，則其民必貧，民貧則國貧，及饑寒迫人，不顧廉恥，放辟邪侈無所不爲。焦循有言「一切不善皆由於貧」，豈不然哉？〔註38〕

人若無法治生自立，生計皆仰給于他人，不但耗費社會資源成本，且其人格亦無由挺立。一國之中，「胥天下而爲游惰之民，則其民必貧，及饑寒迫人，不顧廉恥，放辟邪侈無所不爲」，社會風氣必然敗壞。劉師培特引焦循「一切不善皆由於貧」之言爲惕，蓋貧乃由於不能治生所致，故人人應自立自強，自食其力。

人應爲生財之人，自食其力，而不可無事而食，成爲社會國家之大蠹。在治生上，劉師培以爲己身皆應各有其職，這是個人應盡的義務，也是己身享權利之基。他說：

> 中國崇尚空言，賤視實業，不知治實業者，自食其力，合於功食相準之義，乃生財之人也。尚空言者，無事而食，背於功食相準之義，即耗財之人也。無論其不足仰事俯蓄，即使社會佐以財，則天下豈有享利益而不盡義務者哉？能無受之而有愧乎？〔註39〕

治實業者，自食其力；尚空言者，無事而食。劉師培由重視治生而不尚空言。他強調專業性、技術性以及實用性的知識與技能，以求利用厚生。這對傳統社會一般士大夫偏於勞心而忽略勞力，不啻是當頭棒喝。

人人應有職業，且人人皆應爲自立之民。他說：

> 夫人人有自擇職業之權，使各視其性之所盡，以一藝擅長即可恃之

〔註36〕《論語·季氏》。
〔註37〕《論語·陽貨》。
〔註38〕見《倫理教科書》第一冊第三十四課「說治生」，收入《遺書》（下），頁2044。
〔註39〕同註38。

以治生。人人能治生，則人不復仰給於他人，而咸爲自立之民。且
職業由於自擇，則一切人民之財產亦不爲政府所侵，是自擇職業乃
己身應盡之義務，亦即己身享權利之基。〔註40〕

天生我材必有用，人只要不自棄其材，各視其性之所盡，以一藝擅長即可恃
之以治生，而不復仰給於他人。劉師培重視實業，肯定技藝的價值，並認爲
人人皆當敬其業、樂其業、勤其業，過著簡樸的生活。他說：

既擇職業，必繼之以勤儉。能勤則生財之數日增；能儉則耗財之數
日減。生財日增，耗財日減，則人人皆爲有蓄積之人矣。人民既富，
則國家烏有不富者哉？若夫棄職業，雖槁餓終身以無求於世，然使
家族失所養，社會國家失一生財之人，安得謂之無罪哉？〔註41〕

民生在勤，儉則足用，「能勤則生財之數日增；能儉則耗財之數日減」，民富
則國無不足，國無不足則天下安。劉師培講究經濟實用，肯定技藝的價值，
重視各類人才的培養，又輔以能勤能儉的原則以裕民生、以厚國力，這種治
生觀，在當時來說是很新穎的。

（五）衛　身

中國自古以來，對於己身之思想，各有不同。劉師培考察中國的社會，
他以爲上古之人只知自衛，「古人舍自衛之外，固無所謂義務也」，己身爲一
己所有。周代以降，各家對於己身思想雖各有不同，但大體上都同意「以身
爲家族之身，不以身爲社會之身。其所謂修身者，蓋僅爲實踐家族倫理之基
耳」，「惟孔子言殺身成仁。仁從二人，所謂犧牲一己之生命，而爲社會圖公
益耳。蓋以己身對社會，則社會爲重，己身爲輕。社會之事皆己身之事也」。
他指出中國於己身爲社會國家所有之理不明，是中國倫理之一大失〔註42〕，
並認爲「能自衛其身，斯能自重其身」〔註43〕，衛身亦爲個人應盡的義務。
他說：

己身爲社會國家之身，非一己所克私，若戕賊己身，使國家社會少
一盡義務之人，其有負國家社會，罪莫大焉。故養身衛生，亦對己

〔註40〕同註38。
〔註41〕同註38。
〔註42〕見《倫理教科書》第一冊第五課「論己身之重要」，收入《遺書》（下），頁
2028。
〔註43〕見《倫理教科書》第一冊第三十五課「說衛身」，收入《遺書》（下），頁
2045。

身應盡之義務。〔註44〕

己身爲社會國家所有，不可任意戕賊。他引《禮記・儒行》「愛其死以有待，養其身以有爲」之語，謂人應當形神兼顧，自衛其身。他說：

> 儒家、道家詳於養心而略於養身，惟董子獨崇養氣。又因養氣之說以推之養身，謂男女體其盛，臭味取其勝，居處就其和，勞佚居其中，寒煖無失適，飢飽無失平，此皆養生之法也。身得其養是爲外泰，又由養生之說推之於養心，謂欲惡度禮，動靜順性，喜怒止乎中，憂懼反之正，此皆養心之法也。〔註45〕

衛身所以自重其身，爲社會國家存一有用之人。它包括「男女體其盛，臭味取其勝，居處就其和，勞佚居其中，寒煖無失適，飢飽無失平」生理上的得其養；也包括「欲惡度禮，動靜順性，喜怒止乎中，憂懼反之正」心理上的得其正，進而居仁由義，配義與道，成爲一有用於社會之人。

（六）謹言修容

存乎內必行諸外。劉師培以爲「人身不能無所失，有用情之失，有用思之失」，而其行於外者，則爲「言語之失」、「容貌之失」〔註46〕。修身的目的，既在爲純正無過失之人，故謹言修容亦爲個人應盡的義務。他說：

> 夫言語者，人之樞機也。樞機之發，又榮辱之主也。容貌者，人之威儀也。威儀之現，又禍福之兆也。故言語容貌二端，可以代表行爲之善惡，可不愼之於始與。〔註47〕

從言語容貌可以觀察一個人內心的正邪，也可以反映出一個人行爲的善惡。此在孔子，已屢加提及。如其對弟子的觀察，就有「閔子誾誾如也」、「子路行行如也」、「冉有、子貢侃侃如也」的描述，並藉以作爲因材施教的參考〔註48〕；又其以爲「不知言，無以知人也」〔註49〕，並發展出一套「視其所以，觀其所由，察其所安」〔註50〕，「聽其言，觀其行」的知人之術來。劉師培重視言語容貌，他以爲言語是樞機之發，容貌是威儀之現，故言語不可不

〔註44〕同註43。
〔註45〕同註43。
〔註46〕見《倫理教科書》第一冊第三十六課「說言語容貌」，收入《遺書》（下），頁2045。
〔註47〕同註46。
〔註48〕《論語・先進》。
〔註49〕《論語・堯曰》。
〔註50〕《論語・爲政》。

謹，容貌不可不修。

如何謹言修容呢？此須從「非禮勿視、非禮勿聽、非禮勿言、非禮勿動」，立於禮上做起。他說：

> 夫古人制禮，於言語容貌二端，使天下人民必循一定之規則，雖立說稍拘，失身體自由之樂，然今觀於西種人民，凡一言一動，皆循一定之規律而不欲稍違，則言語容貌得其宜，乃己身應盡之倫理，非此則不足以應萬事也。〔註51〕

以禮立身，以禮接人，是個人的義務。禮者何？禮所以節文仁義而使致中和，使人己關係有一定的規則可循，言語容貌皆得其宜，秩序井然，一片和諧。

「不學禮，無以立」。劉師培以為謹言修容非惟有助於立身，亦且有助於養身。他說：

> 若夫中國先儒言養氣之法，蓋人能養氣，斯能無失言。即中國之論容貌者，亦言人以威儀為貴。〔註52〕

又說：

> 《禮記》有言足容重，手容恭，目容端，口容止，聲容靜，頭容直，氣容肅，立容德，色容莊，斯語也凡人昧於修容者，亦不可不奉為圭臬。蓋古人言慎獨篤恭，亦不過因此法而篤行之耳。〔註53〕

謹言可以養人，身體無驕惰之容，可以自強其身體。視聽言動，對人對己，立身處世，若能文之以禮，循著一定的規律，而不放縱妄為，則自可知明而行無過矣。

第二節　修身之形成及判準

一、修身之形成

劉師培以為「生民之初，本無五倫」〔註54〕，倫理是人與人接，人類社

〔註51〕見《倫理教科書》第一冊第三十六課「說言語容貌」，收入《遺書》（下），頁2046。
〔註52〕同註51。
〔註53〕同註51。
〔註54〕見《倫理教科書》第一冊第二課「倫理之起原」，收入《遺書》（下），頁2026。

會進化之後的產物。和戴震一樣，劉師培也不以為道德意識是先驗的、自足的，他亦從孟子「心之官則思」認識論的角度，來論述道德意識的形成〔註55〕。但戴震只從生理上、心理上來論述道德意識的形成，劉師培則在生理、心理之外，又從社會學的角度來觀察人類道德生活的規範；又戴震力闢「意見不可以名理」，而劉師培則從道變動不居的角度，注意到「五方之民種類各殊，各以意見為善惡」，「不獨理義之稱無定，即性善性惡之說亦至無憑」〔註56〕的現象。劉師培有關修身意識之形成的見解，其可得而言者，主要有下列幾個論點：

（一）有知然後有情

修身意識如何形成？劉師培以為「人各有情，觸之而動」〔註57〕，這是說人各有情蓄於中，必待事物感之、觸之而動。人若不與事物相接，則人心無所動亦無由以知，則情不呈。他說：

> 夫所謂情者，即好惡之謂也。人與事物相接，非惟辨別其善惡巳也。心以為善則相愛之情生，心以為惡則相惡之情生。〈樂記〉言物至自知，然後好惡形焉。好惡者，人之情也。故情緣於知，有知然後有情。〔註58〕

情緣知而生，有知然後有情，而知由感物而生，故修身意識的形成，始於接物、感物。他說：

> 非與事物相接，則人心辨別善惡之能不見。所感事物者僅一事一物，則人心辨別之能亦不呈。所感者不僅一事一物，斯生比較之能，能比較則能分析，能分析斯能推理，能推理斯能想像，此皆思辨之功也。〔註59〕

〔註55〕戴震反對宋明儒者以道德意識為先驗自足的說法。他結合孟子「心之官則思」，以及荀子「積善成德，而神明自得，聖心備焉」的觀點，謂：「有血氣，則有心知；有心知，雖自聖人而下，明昧各殊，皆可學以牖其昧而進於明」（見《孟子字義疏證・理》，收入《戴震全集》，頁170）認為「德性資於學問」，「重行不先重知，非聖學也」（《孟子字義疏證・權》，收《戴震全集》，頁204）。

〔註56〕見劉師培《左盦外集・東原學案記》，收《遺書》（下），頁1761。

〔註57〕見《倫理教科書》第一冊第十二課「論情之作用」，收入《遺書》（下），頁2031。

〔註58〕同註57。

〔註59〕見《倫理教科書》第一冊第十一課「論知之作用」，收入《遺書》（下），頁2031。

身有所感，則心有所觸，非與事物相接，則人心辨別善惡之能不見。故致知由於格物，先格物而後能致知。考「格物」二字，宋明以來，學者有不同的解釋。大體而言，程朱一系學者，本《爾雅・釋詁》：「格，至也。」《毛詩・烝民傳》：「物，事也。」之說，謂格物為窮至事物之理，而知無不盡。王陽明一派學者，則以《尚書・冏命》：「格其非心」，訓「格」為「正」，謂格物為正其非僻之心，格去物欲之私，而天理自見。劉師培於二派之說，均不以為然，而採鄭玄之以「格物」為「來事」。他說：

> 《禮記・大學篇》「致知在格物。」鄭注云：「格，來也：物猶事也。」其知於善深則來善物，其知於惡深則來惡物。言事緣人所好來也。孔疏云：格，來也。言若能學習，招致所知，已有所知則能在於來物。若知善深則來善物，若知惡深則來惡物。按鄭說近確，惟孔疏所申語為弗詳。〔註60〕

心有徵知，然心拘於身，若身體未與物接，則人心雖靈，而比較分析之能亦無由呈現。劉師培肯定鄭玄之注〈大學〉「格物致知」，以來訓格，但卻對鄭注「其知於善深則來善物，其知於惡深則來惡物，言事緣人所好來也」的說法，深不以為然。他認為果如鄭說，則是先致知而後格物，是倒解〈大學〉之文。〔註61〕

（二）人有良善之心

劉師培以為心固拘於身，不能無所不知；而身亦拘於心，而知有所不行，故「粗暴之人雖不知用思，直情逕行，然行為有虧，未嘗不自咎於心」，「不義之人欲遂自私之念，及熟思審措未嘗不反躬自責，能有所不行」〔註62〕，此其所以然者，則因人類之念除有利己之心、羞忌之心外，尚有良善之心。他說：

> 蓋人之有心，大抵相同。念由心起，約分三類：一曰利己心。食必求豐，衣必求彩，色必求美，居必求新，臨財則思苟得，臨難則思苟免，此固利己之心，發現於外者矣。一曰羞忌心。羞心之生，由於知恥，因羨而羞，因羞而憤，思與彼齊，與利己同。忌心之生

〔註60〕見《左盦集・格物解》，收入《遺書》（下），頁1212。
〔註61〕同註60。
〔註62〕見《倫理教科書》第一冊第九課「論心身之關係」，收入《遺書》（下），頁2030。

則與此異，譬如巨室積怨於民，民怨其虐，幸彼有災，及聞彼災，戶鄰相慶。又如兩仇相陥，遇諸市朝，羞與彼生，甘隨彼亡，隕命捐軀，亦所不辭。由前之說，乃損彼而不益己者也；由後之說，則又彼此兩傷。夫逞一己之忌心，至於人己俱傷而不顧，則忌心非利己之心矣。一曰良善心。先儒謂人人均有良心，良心者，即凡作一事，必先審己心所安是也。心安則喜悅之心生，不安則愧怍之心生。〔註63〕

人皆有自利之心，食必求豐，衣必求彩，色必求美，居必求新，臨財思得，臨難思免，故上古之民咸有自營自私之念，此中國之所以雖以利己為諱言，然卻口誦儒者之書，身履楊朱之行者所以多也。然人類並非只有利己之心，利己之心只是人心的一部份，並不足以賅心體之全。人類之心念，除利己之外，尚有羞忌之心。羞心由於知恥，因恥不若人，因而見賢思齊，奮發進取，亦與利己同。而忌心則或幸災樂禍，而或與人俱毀，損人不利己，與利己不同。然人類之所以能為善去惡、辨別是非，則因理義本性中所固有，人尚有良善之心，故人於行為有虧，未嘗不自咎於心；自私之念甫萌，能欲行頓止；為惡之後撫心自思，能引為大責。此劉師培論道德意識的形成，由於人心中本有良善之質、辨別之能，待其與人相接、與事物相感而生之說也。

（三）道德伴隨社會進化而發展

道德非天所具，人類何以能成為道德之人？劉師培從社會進化，人類能群的本性上加以考察。他說：

> 夫人類之所以繁衍發達者，果操何術？則董子有言，人當知自貴於萬物，蓋人貴於物厥有二端：一曰能靈，一曰能群。〔註64〕

人之所以貴於萬物者，除了秉性靈明以外，更在於人類能群。劉師培解釋道：

> 荀子有云：人之所以貴於禽獸者，以其能群也。而漢儒亦訓人為仁。仁從二人，足證人與人相群，始克盡為人之道，此人類有群性之徵。〔註65〕

〔註63〕見《左盦外集‧利害平等論》，收入《遺書》（下），頁1680。
〔註64〕見《倫理教科書》第一冊第四課「論倫理與人類之關係」，收入《遺書》（下），頁2027。
〔註65〕同註64。

又說：

> 惟其能靈，故知合群之益。既知合群之益，則人與人接，倫理以生。
> 故倫理者所以維繫人群，而使人類常存者也。若倫理不存，則人類
> 早歸漸滅矣，何以卓立於萬物之上哉？〔註66〕

倫理與社會相伴而生，人類之道德意識亦伴隨著社會的進化而發展。劉師培
從人性皆有趨利避害的利己心態上思索。他說：

> 上古之民，只知己身之觀念。然人生之初咸有自營自私之念，而興
> 利除害又非一己之所能勝也，必與人相賴相倚而己身乃有以自存。
> 其始也無公共之觀念，知利己之為利己，而不知利物之亦為利己。
> 及人群進化，知利物之亦為利己，此人己之關係所由起也。〔註67〕

上古之民但知一己之私，而不知人群之公；但求利己，而不求利人。然人之
一己之能有限，興利除害非一己之所能勝，合群之念由是而萌，而人亦漸知
利物之亦為利己，人己之間權利義務之念亦由是而生。

人類的道德意識既由社會的進化而生，人類的道德行為亦隨著社會的發
展而變動，因時而異，因地而別。劉師培說：

> 夫人之初生，本無一定奉行之準則，風俗習慣各自不同，則所奉善
> 惡亦不同。一群之中以為善，則相率而行之，目之為道，習之既久，
> 以為公是公非之所在，復懸為準則以立善惡之衡。一群人民以為是，
> 則稱為善德；一群人民以為非，則稱為惡德。〔註68〕

這是說道德並非原出於天，而是人群進化的社會產物。劉師培於《理學字義
通釋》「道字條」指出，善惡之起源，一由於境遇，一由於嗜好。他說：

> 善惡之起源，一由於境遇，一由於嗜好。因境遇之不同而嗜好遂不
> 同。因境遇嗜好之不同，則利害亦不同。利害不同，則所奉善惡亦
> 不同。如殺人享神之事，文明之人視為極惡者也，而野蠻之人則迷
> 信宗教，以為非此則不能使神降福，則因利己之故，而稱為善矣。
> 又如謙讓不爭，中國人民視為極善者也，而太西之民則競爭權利，
> 以為若此則放棄自由，則因不利己之故，而稱之為惡矣。〔註69〕

〔註66〕同註64。
〔註67〕見《倫理教科書》第一冊第六課「論權利義務之界限」，收入《遺書》（下），
頁2028。
〔註68〕見《理學字義通釋・道》，收入《遺書》（上），頁473。
〔註69〕同註68。

又於《左盦外集‧東原學案記》謂：

> 善惡之區分，其故有三：一因境遇而生，善惡者不外習慣而已，故
> 各族習慣不同，則各族所定之善惡亦不同。一因嗜好而生，人生有
> 欲大約相同，故善惡各隨其欲而生區別。一因輿論而生，輿論者，
> 一國人民之意向也。善惡既由習慣而生，然積之既久，遂因輿論以
> 定是非，或爲道德，或爲法律，而一國之中遂以爲公是公非矣。故
> 各國之中，有此以爲善，彼以爲惡者，即此故也。〔註70〕

善惡之區分，既因境遇而生，也因嗜好、輿論而生。人生存於社會之中，習
尚移性，五方之民種類各殊，各以意見爲善惡。不獨理義之稱本爲無定，善
惡之說亦至無憑。劉師培的道德隨社會進化發展之說法，指出了人類的道德
行爲既有源於人性的自覺、內心自發的力量，也有來自於他人的期許、社會
監視的外導取向。道德行爲正是由此兩種力量共同作用產生的結果。

二、修身之判準

德兼內外、必內得於己，善念存於中心，由義正己，使身心互得其益；
又必外得於人，以善德施之他人，居仁愛人，使眾人各得其益，始克成德。
己身倫理者，爲引導己身之行動，使進於幸福之術也。人類社會之所以需要
制定倫理規範，正是希望能藉此來成全自身的完善，並因之以增進人群社會
的和諧康泰。劉師培一再指出僅一人則倫理不可見，他或謂「夫隻身孤立，
與世奚裨，則獨善其身適所以趨人才於無用之地乎？雖有巢許之高，姜黃之
行，亦何益哉？」〔註71〕或謂「彼潔身自好之徒，克己勵行，不復有益於人
群，毋亦漢儒所痛斥歟？」〔註72〕己身爲社會所有，修己所以善群，自修所
以交利，在修身的判準上，劉師培既強調個人應自重自立，以挺立個人之人
格，又主張權利義務必須相均，以明義利之權限。此較之傳統倫理思想，諱
言己利、以勢爲理、立理限事，實有不少新義。

（一）立個人之人格

修身者，所以自治其身，使己身爲完全之人也。儒家之言修身，或言正

〔註70〕見《左盦外集‧東原學案記》，收入《遺書》（下），頁1761。
〔註71〕見《倫理教科書》第一冊第六課「論權利義務之界限」，收入《遺書》（下），
　　　　頁2028。
〔註72〕見《兩漢學術發微論‧兩漢倫理學發微論》，收入《遺書》（上），頁539。

身，正與邪爲對待，正身所以使己身不納於邪也；或言誠身，誠與僞爲對待，誠身所以使己身不流於僞也。概而言之，修身即自重自立以立個人之人格。「自立者，不欲傍他人之謂也；自重者，不欲後他人之謂也」〔註73〕，劉師培極肯定漢儒之言倫理也，能本中和以求無所偏倚，講誠信以求眞實無妄，秉正直以求不納於邪，崇恭敬以戒身心之怠慢，尚謹愼以戒作事之疏虞，自重自立，阨窮不憫，榮辱不苟，能立貞介之操而不爲流俗所囿，認爲那是「倫理之粹言，修身之渠法」。〔註74〕

1. 中和所以欲人之無所偏倚

劉師培以爲古人之倫理，不外化偏爲中。他說：

> 《書》言直而溫，寬而栗，剛而無虐，簡而無傲。又言寬而栗，柔而立，愿而恭，亂而敬，擾而毅，直而溫，簡而廉，剛而塞，強而義，皆化偏爲中之證。又孔子言好剛、好勇、好智、好直、好信皆有所蔽，其所以蔽者即偏於一端，溺於成見，而不知有所變通也。〔註75〕

修身所以化偏爲中。依〈中庸〉之說，「喜怒哀樂之未發謂之中」，此是天下之大本；「（喜怒哀樂）發而皆中節謂之和」，斯是天下之達道。致中和能使「天地位焉」、「萬物育焉」。故人之行事，當本中和以求無所偏倚。而人之行事如何才能發而皆中節，無過無不及？劉師培以爲當有適度的權衡。他說：

> 用其中於民，所以使賢與不肖能循其道而通行，無復過與不及之患也。又恐人民之膠於一定之中也，故孟子以執一爲賊道，又言執中爲不可無權，蓋權者即公平之謂也。〔註76〕

又說：

> 衡其是非謂之理，衡其輕重謂之權。凡拘墟固執之人，囿於積習，拘於成勢，必不能反經以行權，故孟子斥執一之害，以證事各有當，不可奉一端爲圭臬而不知變通。〔註77〕

不偏之謂中，心在靜時，喜怒哀樂之未發，無偏無倚，是之謂中；心在動

〔註73〕見《左盦外集・王艮傳》，收入《遺書》（下），頁1798。
〔註74〕同註72，頁536。
〔註75〕見《倫理教科書》第一冊第二十九課「說主一下」，收入《遺書》（下），頁2041。
〔註76〕同註75。
〔註77〕同註75。

時，喜怒哀樂權衡適度，發而皆中節，無過無不及，是之謂和。行事而能衡其是非，此即是理。中是禮之本，和是禮之用。人而有禮，才得謂之合人格。

2. 誠信所以欲人之眞實無妄

誠者無僞。〈中庸〉以爲「誠者，天之道也。誠之者，人之道也」；又謂「自誠明，謂之性」，「自明誠，謂之教」，「誠者，物之終始，不誠無物」。誠能明道，誠能盡性，它是道德的根源。信者不渝。它是一種貞固的肯定，全心的交付，也是一種信託，一種皈依。孔子重信，所謂「人而無信，不知其可也。大車無輗，小車無軏，其何以行之哉？」〔註78〕又於答子張問行時，說：「言忠信，行篤敬，雖蠻貊之邦行矣。言不忠信，行不篤敬，雖州里行乎哉？」〔註79〕誠信之精義在於眞實無妄。誠與信皆爲美德。劉師培說：

> 無僞謂之誠，不渝謂之信。《周易》言立誠，〈中庸〉言存誠，〈樂記〉言著誠去僞。鄭君謂「大人無誠萬物不生，小人無誠則事不成」。宋儒以誠爲眞實無妄，又以無妄爲誠不欺，其次又以無虛假爲誠，則誠爲美德。古人列信於五常，孔子言民無信不立，又言人而無信不知其可。《白虎通》訓信爲專一不移。《釋名》訓信爲申，謂以言相申束，使不相違。宋儒以信爲實，謂不信則事無實，則信亦爲美德。〔註80〕

誠與信皆爲美德，都是自重自立，以立個人之人格的要件。而近世以來，其能實行「誠」與「信」二德者，實佔少數，劉師培推論其因以爲有二：「一由於僞」，心與口不相一，知與行不相一，致人我相待，言非由衷之言，行爲僞託之行；「一由於忽」，於己所言及他人所言，均不復措意於其間。其尤甚者，則以險詐相高，以險詐可以得利，由是正直之人少，而險詐之人多〔註81〕。他倡言「至誠易以感人，大信易以取信於人，不惟有利於人，抑且有利於己。故人應以懇摯之心推之於人，坦然共白，使僞念不生。而與人交際則遵約而行，不復與所約相背」〔註82〕。果如是，方能爲自重自立之人。

〔註78〕《論語·爲政》。
〔註79〕《論語·衛靈公》。
〔註80〕見《倫理教科書》第二冊第三十二課「釋誠信」，收入《遺書》（下），頁2068。
〔註81〕同註80。
〔註82〕同註80。

3. 正直所以欲人之不納於邪

意誠而順理謂之直，不誠而逆理謂之邪。「誠於中，行於外」〔註83〕，正直是誠的外在表現，直則不曲，「人之生也直」〔註84〕，人的本性原本就是正直的。它是立身之大本。基於「責善，朋友之道也」〔註85〕，交友的目的本來就在於「輔仁」，而有益於己德。劉師培也強調交友宜尚直。他以為損友有兩類：一曰諛友，一曰勢友。其自注何謂諛友，說：

> 飾我之善，成我之惡者皆諛友。人自是則以敬我者為嘉友，人自傲則以敬我者為良朋，樂受其諛，則惡無止境。〔註86〕

又自注勢友，說：

> 今人論交，初見則結盟。然勢利中無完友，所以結友者，不過圖交游之寵，及謀祿利耳。〔註87〕

諛友、勢友，兩面奉承，善於獻媚，巧言不誠，其舉止均不合德，皆非正直之人，與之交遊，自易受損。而人欲交益友，必須先反求諸己，正直處世，不納於邪，此方符合自重自立之原則。

4. 恭敬所以戒身心之怠慢

恭敬二字，《說文》皆訓為肅。「恭指容言，乃威儀發現於外之謂也」，「敬指事言，乃人心恆自警肅之謂也」〔註88〕。恭在貌，敬在心，恭敬之德為禮的基本精神之所在，它可以化除自肆自廢之失。劉師培說：

> 恭敬由禮而生，先王制禮，所以矯人民自肆自廢之弊也。自肆之人一任身體之放縱，而不復有所拘，即管子所謂恣耳所欲聽，恣口所欲言，恣目所欲視，恣鼻所欲向，恣體所欲安也。然好惡無節於內，知誘於外，不能反躬，必致滅天理而窮人欲，此自肆之失也。自廢之人不知振作其精神，溺於懈惰，即〈大學〉所謂知其所敖惰而辟，孟子所謂自棄者不可與有為也。蓋欲圖一己之安，必致放僻自廢，甘以不才自居，此自廢之失也。〔註89〕

〔註83〕《禮記‧大學》。
〔註84〕《論語‧雍也》。
〔註85〕《孟子‧離婁下》。
〔註86〕見《倫理教科書》第二冊第三十課「論擇交」，收入《遺書》（下），頁2066。
〔註87〕同註86。
〔註88〕見《理學字義通釋‧恭敬》，收入《遺書》（上），頁471。
〔註89〕同註88。

恭則不侮，敬則日強。恭敬所以使人人不自放，抑且使人人不自懈，它可以戒身心之怠慢，克己復禮，成己成物。

5.謹慎所以戒作事之疏虞

人身不能無所失，有用情之失，有用思之失，謹慎所以戒作事之疏虞，使用情用思皆無所失，故人應正心以潔身。劉師培說：

> 昔孟子言辱己不能正天下。聖人之道歸於潔身。夫欲潔己身，在於先定趨向，故孔孟及漢宋諸儒首辨義利。蓋趨向既定，則心不為境移，亦復不為物移，故能不為外欲所誘。〔註90〕

潔身則能不為境移，不為物移，不為外物所誘。而人之該潔身者何？人之用情與用思該謹慎者又為何？劉師培說：

> 身之當節約有三端：一曰不惑於利。君子不盡利，是儒家首明貪利之害。蓋不為利昏，即能不惑於利。能不惑於利，則辭受取與之間無所往而不得其正矣。二曰不惑於勢。不善不入，守身良法。惟孔子能不磷不緇，故謂仕不由道。孟子等之鑽穴踰牆，又言說大人則藐之，是勢不可趨，尤不可為勢所惑也。能不惑於勢，則進退出處之間，無所往而不衡以義也。三曰不惑於嗜欲。禮曰：思無邪。邪心之生，由於心有嗜欲。心有嗜欲是曰心為形役，若能見嗜欲而心不惑，庶可以不致失身矣。〔註91〕

不惑於利，則辭受取與之間，無所往而不得其正；不惑於勢，則進退出處之間，無所往而不衡以義；不惑於嗜欲，則心不為形役。辭受取與能有所謹，出處去留能有所慎，則作事能得其宜而不失，此亦為自重自立之道。

（二）明義利之權限

人不能離群獨居，而人己互動所營求者，不外興利與除害。劉師培以為「凡同居於一群者，必有一群公共之規律。夫制定規律之起源，由於人心有同然之好惡」，又以為「一群有一群之道德，即有一群之規律。規律者，所以設一定之法，使一群之民遵之，而行一群之進步也。故對於一群即有服從規律之義務，且規律之制定，不外權利義務二端，若不能服從，其大弊有二：

〔註90〕見《倫理教科書》第二冊第三十三課「論潔身」，收入《遺書》（下），頁2068。

〔註91〕同註90。

一曰爭競權利，一曰放棄義務」〔註92〕。權利義務之界，由人己之關係而生，必權利義務相均，人己交利，始合道德。劉師培意識到中國古昔之思想，咸分權利與義務爲二途，無論交利與自修，皆各有所偏，都不明人己相關之義。他說：

> 交利學派近於墨，墨子摩頂放踵利天下，乃盡義務而不享權利者也。自修學派近於楊，楊子言利之所貴，存我爲貴，力之所賤，侵物爲賤。又言損一毫利天下不與也，乃不侵他人之權利，亦不爲他人盡義務者也。此皆不明人己相關之義。〔註93〕

趨利避害是人之本性，利不必諱，惟不可因圖己利而損人。墨子學派日爲他人盡義務，而不復取權利以爲酬，此中人以下所難，可謂迂闊之說。楊朱學派不侵他人之權利，亦不爲他人盡義務，與墨子學派同爲不明義利之權限，都忽略權利義務均平之義，都扭曲了道德的本質。

權利義務之界，咸由人己之關係而生。劉師培引晏子「義者利之蘊」之言，謂「身盡義務即享權利之基」。又引《易》「利物足以和義」之言，謂「以權利與人，即可使人盡義務」，認爲「豈有權利義務之界線不明，而克稱爲倫理者哉？」〔註94〕權利義務相均才合道德，他批評清而不和者，不盡義務，和而不清者，昧於守身之義，出則爲鄙夫，處則爲鄉愿，均不明義利之權限。他說：

> 清者即高峻之基也，和者即卑污之基也。天下爲高峻之人絕欲遺世，忍情性，絕嗜欲，以自異爲高，絕倫棄類，不復以天下爲心，是則山林枯槁之流耳，雖克己勵行，與世悉補？……蓋清而不和，雖可矯卑污之行，然昧於合群之理，僅可稱爲獨立不羈耳，不可謂之合人格也。若卑污之人則和光同塵，不知節義爲何物，寡廉鮮恥，以自屈其身，同流合污，以媚於世，出則爲鄙夫，處則爲鄉愿。……蓋和而不清，雖可矯高峻之偏，然昧於守身之義，亦不得謂之合人格也。〔註95〕

〔註92〕見《倫理教科書》第二冊第三十一課「釋服從」，收入《遺書》（下），頁 2067。
〔註93〕見《倫理教科書》第一冊第六課「論權利義務之界限」，收入《遺書》（下），頁 2028。
〔註94〕同註93。
〔註95〕見《倫理教科書》第一冊第三十一課「說清和」，收入《遺書》（下），頁 2042。

清而不和或和而不清，皆不明義利之權限，故都不能謂之合人格。劉師培又對傳統社會以退讓爲美德，深不以爲然，他說：

> 且中國人民失人格者復有一端。中國自古代以來，以退讓爲美德，故《易》言「一謙而四益」，《老子》言「守雌守黑」，又言「不敢居天下先」，又言「盛德若愚」。而《論語》亦言「以德報怨」，不知人人去競爭之心，即人人生自退之心。自退之心生，非惟於己身不求進益也，即他人侵犯己身之自由，亦將含垢而忍辱，匪惟不拒他人之侵犯也，且放棄一己之自由，以此爲包容，以此爲能忍，且以賢人長者自居，不知放棄權利與辱身同。故退讓之人即卑污之人也。今欲人人具有人格，非斥退讓之說，何以禁世人之放棄權利哉？〔註96〕

退讓之人於他人之侵犯，含垢而忍辱，放棄自己的權利，不明權利義務相均之理，容人以屈己，亦不能謂之合人格。劉師培這樣的思想，實受西方盧梭天賦人權，權利亦爲天所賦予，神聖不可侵犯之說的影響。〔註97〕

〔註96〕同註95。
〔註97〕劉師培曾言：「中國古籍如〈大學〉言『明明德』，〈中庸〉言『天命之謂性』，孟子言『性善』，與《詩經》所言『天生烝民，有物有則』相同。蓋中國古昔之思想，言天以禮義賦與人，則人咸可爲善。惟未言權利爲天所賦耳。」（見《倫理教科書》第一冊第二十二課「說良知上」，收入《遺書》（下），頁2038）是權利不容侵犯，不可放棄的思想，來自西人。

第四章　劉師培之家族倫理論

　　「天下之本在國，國之本在家」〔註1〕，家是社會的基礎。在中國，家是國的原型與母體，家以外或以上的群體，如「鄉黨」、「民間結社」、「宗教團體」，或如「族」、「國」、「天下」，都被視爲是家的擴充與放大。傳統社會所謂「人倫」，若《孟子・滕文公上》所言「父子有親，君臣有義，夫婦有別，長幼有序，朋友有信」，〈中庸〉所言：「君臣也，父子也，夫婦也，昆弟也，朋友之交也，五者天下之達道也」，其中父子、兄弟、夫婦皆屬於家族倫理的範圍，而所謂君臣、朋友這類的國家倫理、社會倫理亦由家族倫理推擴而來。五倫雖係以個人爲中心，發展出來的人際關係，但以血緣、宗法、等級交織的網絡，才是傳統家族倫理牢不可破的底蘊。劉師培考察中國家族倫理之起源，說：

> 今試即中國家族之起源考之，家族之起源起于宗法，宗法之起源由於祀先。……蓋民之初生無不報本而反始，必推其祖之所自出，而人鬼之祭以興。觀中國人民言婚禮者，必曰上以奉宗廟；言育子者必曰用以求嗣續。而《禮記・祭統》又垂祭有十倫之說，〈大傳〉一篇復陳尊祖敬宗之效，則家族思想之起源悉範圍於祭祀之禮矣。且當此之時，一族一國之中，咸有主祭之人，名曰宗子，而任宗子之職者，厥惟長子。致宗有常，尊君主爲王室之宗子，故即以長子嗣君位，襲爲大宗。次子爲小宗，次子之長子襲小宗，其次子則爲群宗。小宗、群宗咸不得與大宗齒列，故父位必傳長子。長子必紹父位，弟必尊兄，兄必蓄弟，諸侯以下其宗法與天子同，故世襲之基以定。

〔註1〕《孟子・離婁上》。

降及平民亦各祀始祖，以長子主祭，爲一族之大宗。小宗、群宗亦
不得與之齊等，此父子兄弟之倫理所由起也，故家族倫理者，基於宗
法時代之制度者也。……秦漢以降，民間習俗相沿，仍存宗法時代
之遺風。既存宗法之遺風，此中國之倫理所由偏崇家族也。〔註2〕

宗族之起源起於宗法，宗法之起源由於祀先。祀先是人類報本反始，自然情
感的流露，宗法則爲由祀先發展而來的人倫秩序。這樣的人倫秩序，關照到
了由血緣親屬鈕帶所形成的家族中，每一個具體個人的地位，亦即每一個具
體個人在家族生活中應扮演的角色，及其被賦予的權利與義務。個人的地位
不同，其份也不同。

中國人重視家族倫理，此可由中國親屬稱謂的繁複與嚴格〔註3〕，看出端
倪。家族中每一個具體個人的權利義務容或不同，但彼此休戚相關、榮辱一
體，企求和諧、團結之心則同。然而劉師培卻指出中國所行之家族倫理有兩
大弊病，他說：

一曰所行倫理僅以家族爲範圍。中國人民自古代以來僅有私德無公
德，以己身爲家族之身，一若舍孝弟而外，別無道德，舍家族而外
別無以義務。又以社會國家之倫理皆由家族倫理而推，人人能盡其
家族倫理，即爲完全無缺之人，而一群之公益不暇兼營，其弊一也。
一曰家族制度最不平等。家族倫理即由宗法而生，故子弟屈服於父
兄，猶之臣民服從于君主，而三綱之說以興。父之責子、夫之責妻，
雖不當於理，亦謂之直。若爲子者、爲妻者，以理爭之，亦謂之曲。
使天下之民受屈於空理之下，不敢稍違。舍理論勢，以勢爲理，僅
弱者對於強者所盡之義務耳，其弊二也。〔註4〕

〔註2〕見《倫理教科書》第二冊第一課「論家族倫理之起源」，收入《遺書》（下），
　　　頁2047。
〔註3〕中國人稱呼父親的兄弟爲伯父、叔父，母親的兄弟爲舅舅，姑姑的丈夫爲姑
　　　丈，阿姨的丈夫爲姨丈，而英文中同以uncle稱之；又中文裡的姑姑、阿姨、
　　　舅母、伯母、嬸嬸，在英文中也一律僅以auntie稱之，而兄弟姊妹的稱謂中
　　　文亦比英文更嚴格的分別了長幼之序，凡此種種都顯示了中國人親屬稱謂的
　　　繁複。當一個民族對於某一類事物所使用的語彙越多，就表示其文化對此越
　　　重視，中國親屬稱謂的複雜、嚴格，正說明中國對親屬關係的重視，及對其
　　　彼此關係界定與規範的明確。參見耿立群〈禮法、秩序與親情——中國傳統
　　　的長幼之倫〉，文收《敬天與親人》，頁475～578。
〔註4〕見《倫理教科書》第二冊第二課「論家族倫理之利弊」，收入《遺書》（下），
　　　頁2047。

中國所行的倫理僅以家族爲範圍，故國人心中但有一家之私，而乏社會正義之念。於同一家族之人關懷備至，迴護有加；於不識之人，則疏離冷漠，甚且爲求一家之利，不惜侵犯他人之權益。一若舍孝弟而外別無道德，舍家族而外別無義務。此一家族倫理之弊端，妨礙了社會進步與發展的可能。又中國所行的家族制度，長幼尊卑次第極爲分明。個人寓於角色之中，爲了突出「克己復禮」，許多人常被片面的要求講義務、講奉獻，壓抑並摧折了一己本然的情性。在家族倫常的規範中，許多的不平都被合理化。以勢爲理，許多人都受屈於空理之下，無法活出自己生命的姿彩〔註5〕。然中國所行之家族倫理雖有其弊，但「倫理之道由近而及遠，由親而及疏，於一族不能和睦，又安望其能合群？于親屬不能施恩，又安望其能博愛？」〔註6〕故劉師培以爲家族倫理不可驟廢，但有改良之必要，而改良之具體方法則爲「不以家族爲範圍」、「互相均平」〔註7〕。劉師培於論家族倫理時，對此致意再三，底下即就其對父子倫理、兄弟倫理、夫婦倫理、宗族戚黨倫理、奴僕倫理的看法，依次論述。

第一節　父子倫理

一、慈孝爲父子互盡之倫

　　人的群體生活，始於家庭。家庭是血緣關係的結合體，在這個組織裡，父子關係爲其主軸。〈大學〉說：「爲人子，止於孝；爲人父，止於慈。」父當慈，子宜孝，這是父子各應盡的本分，也是父子各應盡的義務，否則「父不父」則「子不子」。既然慈孝爲父子互盡之倫，那麼就必須追問：父何以能慈其子？子又何以知孝其親？慈、孝又各有何內涵？

（一）慈孝之性與生俱來

　　《說文》訓慈爲恁，而訓恁爲惠；又以爲孝爲善事父母。劉師培以爲慈

〔註5〕傳統社會以勢爲理，許多人都受屈於空理之下，扭曲了自己的生命。此類例子極多，如《禮記・內則》即言：「子甚宜其妻，父母不說，出。子不宜其妻，父母曰：『是善事我，子行夫婦之禮焉，沒身不衰。』」中國人爲了保持人際關係的和諧，往往有迎合他人，喪失自我的傾向。

〔註6〕見《倫理教科書》第二冊第二課「論家族倫理之利弊」，收入《遺書》（下），頁2048。

〔註7〕同註6，頁2047。

與孝這種感情，是源於天性，與生俱來。他說：

> 昔孟子言「孩提之童，無不知愛其親」，而西儒言社會學者亦以「生
> 民之初，即具慈幼之天性」。意者父慈子孝固出於天性之自然乎？
> 〔註8〕

劉師培所謂「父慈子孝固出於天性之自然」，證諸《呂氏春秋‧精通篇》所言
「父母之於子也，子之於父母也，一體而兩分，同氣而異息，……雖異處而
相通，隱志相及，痛疾相救，憂思相感，生則相歡，死則相哀；此謂骨肉之
親」的論點，以及歷來許多描寫親情至性，骨肉牽繫的感人篇章，若《詩經》
中，《邶風‧凱風》、《小雅‧蓼莪》之感念父母長養之恩的浩大，並自悲為人
子者之難以為報；《唐風‧鴇羽》之寫為人子者行役在外，對父母的思念。晉
代李密〈陳情表〉之自謂「臣無祖母無以至今日，祖母無臣無以終餘年」，祖
孫同命的酸楚；宋代歐陽修〈瀧岡阡表〉無負於雙親之「待」。而宋代王安石
於仁宗皇祐四年春天，由舒州回江寧掃墓，所寫〈壬辰寒食〉一詩：「客思似
楊柳，春風千萬條。更傾寒食淚，欲漲冶城潮。巾髮雪爭出，鏡顏朱早凋。
未知軒冕樂，但欲老漁樵。」由掃墓而思親，無不感人至深；另其在鄞縣所
生的女兒，才一歲便不幸夭折，其所作〈別鄞女〉一詩：「行年三十已衰翁，
滿眼憂傷只自攻。今夜扁舟來絕汝，死生從此各西東。」在寥寥數語中，卻
表現出骨肉牽執、死生乖隔的綿綿思念。凡此種種都說明無論是子之對父，
或父之對子，骨肉血緣的牽繫，早已成為中國文化深層結構〔註9〕中的一部
份，長久以來支撐著中國人的心理與行為。

　　慈孝為父子互盡之倫。在生活中，父子之間原應恰如其分謹守著一定的
規範，只是自古以來，人們總是詳於論孝，而略於言慈，以是孝道被逐漸片
面化，父子之倫也沾染了以勢為理的色彩，由相對倫理被扭曲為絕對倫理。
如《禮記》一書，〈曲禮〉於人子應履的規範，〈內則〉於為人子女應如何侍
奉父母翁姑的細則，都臚列頗詳，但全書於父母的慈幼則甚少言及。

（二）慈孝之內涵

　　父子之間，具有天生內在、無法分割的血緣關係，其相處應以恩為主。

〔註8〕　見《倫理教科書》第二冊第三課「論父子之倫上」，收入《遺書》（下），頁
　　　　2047。

〔註9〕　深層結構係相對於表層文化而言，是指一個文化不曾變動的層次。所謂深層
　　　　結構亦可稱作「文化潛意識」，不過它並非一個被壓抑的心理層次，而是指支
　　　　撐吾人日常生活中之文化行為的心理結構。參考孫隆基前揭書，頁7～8。

慈孝是父子互盡之倫，爲人子者，固應善事父母，使老有所終；爲人父者，亦應以慈愛蓄子，使幼有所長。劉師培論爲父的責任，說：

> 然先儒之言父子一倫也，皆以爲人父者當盡其教子之責任。觀《說文》、《白虎通》二書，訓父爲矩，而《說文》復訓母爲牧，是則父母者施教令於子女，而使之作善者也，故教子當以義方，非徒愛養之謂也。使愛而不教，即失其爲父之道矣。〔註10〕

養而能教，使子女皆能爲善，才稱的上是慈，才算盡得爲父之道。若一味溺愛，養而不教，致使子女爲惡作壞，或雖教子而無義方，使子女不能爲善盡善，都不能謂之慈。細繹劉師培之意，實含有孟子所言「中也養不中，才也養不才，故人樂有賢父兄也」〔註11〕，以身教爲子女楷模，先端己正己的意義在。

慈的內涵有愛養與教善，而孝的內涵爲何？劉師培說：

> 若爲人子者，亦有孝親之責，故趙岐《孟子章句》以孝爲百行之本。然貫誼《新書》曰：「子愛利親之謂孝。」夫所謂愛利親者，非徒順親之謂也，乃有益於親之謂也。凡諫親之過，使之不陷於不義，推之蓋親之慝、正親之失，亦愛親利親之一端。若服勞奉養，僅孝字之狹義耳，雖爲孝德之一端，何足爲大孝哉？〔註12〕

爲人子者有孝親之責，孝親所以善事父母，愛親利親，亦即益親也。爲人子者不僅應心存乎愛，更應行存乎敬，必既愛且敬，孝子之事才備。然而孝親，不僅在於服勞奉養，注意到父母物質上的口體之養，更應注意到精神上爲父母養志；不徒順親，更應注意到益親，於父母有過時，勸諫以正親之失。顯然的，劉師培「諫親之過，使之不陷於不義」的主張，與孔子「事父母幾諫」〔註13〕，荀子「從義不從父」〔註14〕的見解，是遙相應承的。

〔註10〕同註8。
〔註11〕《孟子・離婁下》。
〔註12〕見《倫理教科書》第二冊第三課「論父子之倫上」，收入《遺書》（下），頁2048。
〔註13〕《論語・里仁》有謂「子曰：事父母幾諫，見志不從，又敬不違，勞而不怨。」孔子並不認爲父母的一切行爲都是對的，子女應透過「諫諍」，免父母陷於不義。諫親之過，所以愛親、利親、益親也。
〔註14〕《荀子・子道》有謂「入孝出弟，人之小行也；上順下篤，人之中行也；從道不從君，從義不從父，人之大行也。」父命是否該從，要視父命是否合義以爲定。

二、對父子之倫的批判

慈孝爲父子互盡之倫，然原始社會只有慈而無孝。「善事父母」、「愛親利親」的孝，這樣的觀念要一直到專偶婚制的家庭組織形成之後，才產生的。慈孝原是父子之間一種相對的倫理，是人間有情的理想圖像，但落實在實際生活層面上，自先秦孔孟時代起，人們要求子女盡孝的言論，就遠多於要求父母盡慈的意見〔註15〕。孝道的意涵不斷的擴大，擴大到超越家族的範圍；不斷的延伸，延伸到其價值被提高到一切德行之上。自三綱之說行後，恣意要求子女的行爲，孝道變成了子女對父母無限順從的絕對倫理，束縛壓抑了人們的情性，使得原本出於天性自然的父子之親，變成森嚴少恩的尊卑關係，甚而造成「父令子死，子不敢不死」的扭曲現象，成爲吃人的禮教。「孝，德之本也，教之所由生也」，此是固然，但是當孝道無限上綱之後，爲了盡孝，人們往往不惜捨慈〔註16〕，形成許多矯情失當的狀況。劉師培以爲傳統父子之倫亟待改良。

（一）父子之倫不平等

慈、孝可以出自感情，也可以出自道德心。但傳統中國，孝道往往被要求爲純倫理道德的關係，而忽略了自然生命的平等事實。劉師培以爲中國自古以來，父子之倫極不平等。他說：

> 惟慈孝爲父子互盡之倫。爲子者應以孝事親，爲親者亦當以慈蓄子。
> 故董子以愛而少嚴爲父道。《韓詩外傳》亦曰：「冠子不詈，髮子不
> 笞。」所以禁爲父者之寡恩也。若肆行殘虐即爲賊父子之恩，昔王
> 莽殺其子宇，逄萌謂三綱道絕。又《白虎通》論晉侯殺世子申生，
> 以爲天地之性人爲貴，人皆天地所生也，特托父母氣以生耳。父不

〔註15〕如《論語》一書，孝字十七見，而慈字僅一見；而《孟子》一書，孝字二十八見，慈字亦僅二見。足證人們對於子女盡孝之事關注的多，於父母慈幼之事留意的少。

〔註16〕古代中國，爲了盡孝不惜捨慈的例子很多。如：劉義慶《世說新語》〈德行篇〉即載有一則爲免兄弟絕嗣，而捨棄己兒的故事。謂鄧攸一家逃難，路上車子壞了，馬也被強盜搶走，若擔兩兒則兩兒盡死，姪兒和兒子只能保留一個時，鄧攸和妻子斷然捨慈，扔掉自己的親生兒子，以保全兄弟子嗣，成全兄弟之孝。又元代郭居敬在其所輯的《二十四孝》中，亦載有一則「爲母埋兒」的故事。謂漢代郭巨因爲家貧，不能充分供應母親的飲食，竟欲捨慈將自己三歲的幼兒活埋，以節省家中的糧食，俾能孝盡母親。中國孝道發展至此，實已不盡人情，扭曲至極。

得專，故父殺其子罪當誅。則前儒言父子倫理亦多主平等，曷嘗有父雖不慈，子不可以不孝之説哉？雖然，父子之間猶有血統之關係，若繼母之於前子，舅姑之於子婦，顯無血統關係之可言，乃亦束縛箝制，使之茹痛終身，此則家族倫理之必當改良者矣。〔註17〕

人皆天地所生，特託父母之氣以生耳。子女並非父母的私產，而是獨立的個體，是以父不得專。然傳統中國，父尊子卑，為人父者有無上權威。一部《禮記》所談及的生活規範，若〈曲禮〉中所謂的「見父之執，不謂之進不敢進，不謂之退不敢退，不問不敢對，此孝子之行也。」「為人子者，出必告，反必面，所遊必有常，所習必有業。」「為人子者，居不主奧，坐不中席，行不中道。」「父母存，不許友以死，不有私財。」「子之事親也，三諫而不聽，則號哭而隨之。」〈坊記〉中所謂「善則稱親，過則稱己。」「父母在不稱老，言孝不言慈。」凡此種種，無一不是站在父母一方設想。故而當曾晢怒杖曾參之後，孔子也只能誡曾參小杖則受，大杖則走，以免陷父親於不義〔註18〕；而當匡章諫父不從，至於出妻屏子，孟子也只能付以同情的一歎，而無可如何〔註19〕。傳統所談之父子倫理，其責於子女者多，要求父母者少，此就自然生命的層面言，顯然並不平等。然而父子之親乃出於天性之常，慈幼本是天賦的自然情感，傳統中國父親的角色，雖然偏向於嚴厲，但除了少數人因生命駁雜的質性，以及種種非理性的妄求，如晉侯之殺世子申生之事例外，父而不慈的事實其實不多。然而繼母之於前子，舅姑之於子婦之類，無血緣之實，徒有父子之名者，其慈幼本非出於天性自然，而竟許以對前子、子婦有無上之權威，言勢而不言理，此中國家庭所以不和而悲劇多也。

（二）但知己身為家族所有

人為社會之存有。劉師培以為「未有身前萬物一體，既已有身，萬物一源。我字之名，不以身限。自我視身，身為小我；自我視物，物為大我」〔註20〕。惜乎國人未察小我、大我之義，泥於己身為家族所有，以致因私以害公，妨礙公德之事屢見。他說：

〔註17〕見《倫理教科書》第二冊第四課「論父子之倫下」，收入《遺書》（下），頁2048。

〔註18〕《孔子家語》。

〔註19〕《孟子‧離婁上》。

〔註20〕見《左盦外集‧利害平等論》，收入《遺書》（下），頁1679。

　　尤可異者，古代相傳之學術，以爲父母若存，則爲人子者只當對父母盡倫理，不得對社會國家盡倫理，故先王定禮，父子不得同時立朝，故任叔之子刺於春秋，復經一二儒家之鼓吹，曰：「父母在不遠遊」，曰：「身體髮膚受之父母不敢毀傷」，曰：「父母在不許友以死」，由是子與親之關係日深，而民與國之關係日淺，其妨礙公德不亦甚耶？〔註21〕

傳統中國社會，但知己身爲家族所有。「父母若存，則爲人子者只當對父母盡倫理，不得對社會國家盡倫理」，這樣的思想深植人心，以是「子與親之關係日深，而民與國之關係日淺」。長久以來，「父爲子隱，子爲父隱」〔註22〕，情之直遠勝於理之直，普爲國人所接受；舜爲天子，瞽瞍殺人，孟子爲舜所作的「棄天下」，「竊負瞽瞍而逃」的設想〔註23〕，也被推許爲個人情感與道德理性合一的孝子典型；而當管仲「三戰而走」〔註24〕，千古以來國人也同鮑叔牙一樣，以管仲爲「有老母也」，故不責其怯；另南宋文天祥以身殉國，彪炳千古，而其胞弟文璧卻於崖山兵敗，帝昺沉海之後，以惠州降元，文天祥對其弟文璧的進退抉擇，也未加以道德上的訾議〔註25〕。此皆顯示中國人視對父母盡倫理，重於對社會國家盡倫理的價值意識。人們心中但有烏私，而乏正義；但有私恩，而無公德，中國社會之不進步，其來有自。無怪乎韓非子會有「父之孝子，君之背臣」〔註26〕的激烈批判。其實，爲人子者對父母盡孝道，本是天經地義，理所當然之事，但人乃爲社會國家之一份子，社會國家之事並非門外風雨，個人於社會國家實有所應盡的義務。且家族倫理屬於私恩，社會國家屬於公益，若因私以害公，因私情而礙正義，實非得宜。

　　由上所述觀之，劉師培對父子倫理的批判，指出了許多有待吾人重新檢視的問題，其觀點頗能反映時代的需求。

〔註21〕見《倫理教科書》第二冊第四課「論父子之倫下」，收入《遺書》（下），頁2048。

〔註22〕《論語・子路》。

〔註23〕《孟子・盡心上》。

〔註24〕《史記・管晏列傳》。

〔註25〕宋祥興二年己卯二月六日，崖山行朝潰。在文天祥勢必以身殉國的情況下，文璧爲全宗祀，遂以惠州降元。三月十三日，文天祥被虜，舟還至廣州。有詩云：「五十年兄弟，一朝生別離。雁行長已矣，馬足遠何之？葬骨知無地，論心更有誰？親喪君自盡，猶子是吾兒。」（見《指南後錄》卷一上）

〔註26〕《韓非子・五蠹》。

第二節　兄弟倫理

一、悌道爲兄弟共盡之倫

　　骨肉之情不止及於父子之間。「本是同根生」的手足兄弟，除了稟受相同的血脈來源，同時也生長在同樣的環境裡，接受著同樣的家庭教育薰染，並擁有相似的成長經驗，經歷共同的憂喜榮辱，因此彼此之間，在相親之外，更存有一份相知相惜的感情。《詩經‧棠棣》：「儐爾籩豆，飲酒之飫，兄弟既具，和樂且孺。妻子好合，如鼓瑟琴，兄弟既翕，和樂且湛。宜爾室家，樂爾妻帑，是究是圖，亶其然乎？」所描繪的正是一幅溫馨和樂的幸福家庭圖。這幅家庭圖：夫婦和好，如鼓瑟琴；兄弟相敬相愛、相親相助，其於父母，亦孝敬而順。中國人重視孝，也強調悌，悌與孝同被視爲是齊家之本。自古以來，描寫兄弟手足情深的詩文，不可勝數，若晉代潘岳〈哭弟文〉：「視不見兮聽不聞，逝日遠兮憂彌殷，終皓首兮何時忘，情楚惻兮常苦辛。」所道的是兄弟手足死生乖隔的淒愴；若清代袁枚〈祭妹文〉「凡此瑣瑣，雖爲陳跡，然我一日未死，則一日不能忘，舊事填膺，思之淒梗，如影歷歷，逼取便逝。悔當時不將嬰婉情狀，羅縷記存。」所道的是來自成長過程中所共同經歷憂樂記憶的召喚，至情至性，令人低迴不已。而司馬牛「人皆有兄弟，我獨亡」的哀歎〔註27〕，亦見無兄無弟者心境的孤單寂寞。

　　然而兄弟雖如手足，但終究是各自獨立的個體，及長成家以後，各自有其生活的重心，不見得能恆久保有孩提時候的眞誠，加上姒娣本都來自外姓，並無血緣相繫，若再懷利以相接，於同炊共爨之中，遇上彼此利益糾葛，則摩擦紛爭在所難免，骨肉相乖之人倫悲劇，亦不免發生。家和萬事興，劉師培以爲悌道乃爲兄弟共盡之倫，兄弟相處宜相親相助，彼此之間只有長幼之分，而無尊卑之別。

（一）悌道所以相親相助

　　劉師培以爲「古人之言兄弟一倫也，有塤箎之應，有手足之愛，有雁行之節」〔註28〕。悌道爲兄弟共盡之倫，非徒片面地對弟一方之要求也。他說：

　　　　中國儒家以悌道爲美德，然悌道爲兄弟所共盡之倫，故孔子曰：「兄

〔註27〕《論語‧顏淵》。
〔註28〕見《倫理教科書》第二冊第八課「論兄弟之倫當實踐」，收入《遺書》（下），頁 2051。

弟怡怡。」《詩》曰：「兄弟既翕。」又曰：「兄及弟矣，式相好矣，無相尤矣。」《爾雅》有言：「善兄弟曰友。」又劉熙《釋名》訓兄爲荒，荒者，大也；訓弟爲第，第者，相次第而生也。是兄弟只有長幼之分，非有尊卑之分也，故兄弟貴于互相親。毛公詩傳言：「兄尚親是也，尤貴於互相助。」鄭君詩箋言：「兄弟相求故能立榮顯之名是也。」試再觀〈棠棣〉之詩，則戚死喪、救急難、禦外侮，所恃者惟兄弟一倫，則友愛之心不可不篤也，明矣。〔註29〕

悌道所以相親相助，戚死喪、救急難、禦外侮，所恃者爲兄弟一倫，故友愛之心不可不篤。劉師培嘗從古今人物中，尋出許多敦行悌德的事蹟，如謂「周閔子騫以孝聞，後母遇之酷，父將遣後母，閔子以後母所生之二弟爲念」，「晉王覽爲王祥異母弟，祥爲後母所撻，覽則泣涕抱持。後母以非理使祥，覽輒與祥俱；賜祥以食，覽輒先嘗，懼其有鴆」，這是兄弟相親，不爭親寵，相互扶持以全悌道者也。又謂「漢劉紓早失母，同產弟平尙幼，紓親自鞠養，與共飲食臥起，及成人未嘗離左右」，這是兄對弟悌德之發於至情至性者也。又謂「宋司馬光有兄曰伯康，年將八十，光奉之若嚴父，保之如嬰兒。每食，少頃問曰：『得無飢乎？』天少冷，則拊其背，曰：『衣得無薄乎？』」，這是弟對兄悌德之至老不衰也。又謂「後漢趙孝，沛國人。時天下亂，人相食。孝弟禮爲餓賊所得。孝聞之，即自縛見賊，曰：『禮，久餓羸瘦，不若孝肥飽。』賊大驚，兩釋之」，這是兄弟相親，手足同命，兄甘殉生命以全悌德者也。而「後漢崔瑗兄章，爲州人所殺。瑗手刃報仇。魏朗兄爲鄉人所殺，朗白日操刃報仇於縣中」，則是悌德之見於復仇者也。「善兄弟曰友」，「兄弟怡怡」，「式相好矣，無相尤矣」，這樣的天倫之樂，何其雍穆美好。

（二）兄弟無尊卑之別

從前，孟子之論五倫，其於兄弟一倫所言爲「長幼有序」〔註30〕。劉師培反對兄尊弟卑之說，他說：

劉熙《釋名》訓兄爲荒；荒者，大也。訓弟爲第；第者，相次第而生也。是兄弟只有長幼之分，非有尊卑之分也。……孟子言兄弟一倫亦僅曰：「長幼有序。」自悌字從弟，趙氏《孟子章句》又訓悌爲

〔註29〕見《倫理教科書》第二冊第六課「論兄弟之倫上」，收入《遺書》（下），頁2050。
〔註30〕《孟子‧滕文公上》。

順，而後中儒之言倫理者，僅以悌道責弟，不復以悌道責兄，而兄
尊弟卑之說起矣。〔註31〕

兄尊弟卑之說起，人們僅以悌道責弟，不復以悌道責兄，以是倫理失其平。
劉師培推溯其起源，認爲其原因有二：

一由於宗法社會也。蓋中國自三代以來盛行宗法制度，而宗法制度
以長子爲大宗，以大宗嗣始祖，名曰宗子，遂爲統治一族之人，故
宗子對於同族有直接裁判之權。若父有爵位亦以長子襲之，長子以
下悉該以支孽之名。〔註32〕

宗法社會，立長不立幼，一族之權，操於長子，長子獨尊，長子以下悉該之
支孽之名，尊卑起而平等泯。劉師培又說：

一由於一夫多妻也。中國自古及今盛行一夫多妻之制，而同父之子
遂以同母不同母爲親疏。〔註33〕

兄弟手足本是同根所生，其情感原應眞誠融洽，但由於一夫多妻，同一家庭
遂有嫡庶之分。以是爲爭爵位，宗親構禍，日翦月屠，載諸史編，不可勝記，
漢初呂后之殺戚姬、趙王，三國魏文帝之遇陳王，都是極爲有名的例子。士
庶之家，父母既歿，嫡子擅權，虐遇庶孽，或兄弟反目成仇，水火不容，亦
隨處可見。兄弟怡怡，對許多人來說果眞如此難以致乎？

二、對兄弟之倫的批判

兄弟之倫爲對待之倫理，貴在能得其平。劉師培以爲傳統社會兄弟之倫
有以下的偏失。

（一）兄尊弟卑紛爭不已

悌道之精義，本在於和。但中國古代社會，宗法制度刻意擡高兄長的地
位，將一族之權悉付於宗子之手，份屬同輩的兄長被視之如父。而一夫多妻
的家庭制度，妻妾爭寵，機心相競，兄弟一倫亦每多不能健全發展。因此劉
師培主張革除君位世襲，並確立一夫一妻的制度。他說：

夫兄弟一倫欲泯其同母異母之見，必自革一夫多妻之制始。欲泯兄

〔註31〕見《倫理教科書》第二冊第六課「論兄弟之倫上」，收入《遺書》（下），頁
　　　　2050。
〔註32〕同註31。
〔註33〕同註31。

弟之紛爭，必自君位不世襲始。〔註34〕

其對兄弟之倫偏失的針砭，可謂深中肯綮。

（二）同炊共爨貌合神離

在中國傳統的社會裡，數代同堂而居的家族，常常被認爲是兄弟和睦的表徵。但劉師培卻提出相反的意見，他指出這樣的家族「食指日繁，則是人迫於家室之累，而以私害公，況居家御眾，平等實難」〔註35〕，且中國古代亦未嘗禁人分居。劉師培說：

> 中國宋儒盛稱兄弟同居之制，以爲敦厚之風，不知孟子論王政，止稱八口之家。朱子以弟爲餘夫，及壯而有室，則別授百畝，未嘗禁人之分居也。〔註36〕

又說：

> 故兄弟一倫欲泯其相怨相離之漸，必自分居異財始。要而論之，悌道者，對待之倫理也。此以理來，彼以理往。象欲殺舜，而舜富貴之，雖不失厚睦之風，然以德報怨，乃中人以上所難能，此非對待之倫理也。管叔抗，周公起兵以誅之，雖以公誼廢私恩，然嚴刻寡恩開後世翦除宗室之基，亦不得謂之倫理也。〔註37〕

數代同堂而居，兄弟同炊共爨，表面上看起來和樂融融，實則貌合神離，交爭相疾，甚於路人，實傷手足之情。兄弟之間「此以理來，彼以理往」，相親相愛，相助相扶，方是悌德的本質。人雖不可離群索居，斷絕一切與他人的接觸，但仍應保留個人心靈的單間及生活的空間。劉師培論兄弟之倫提出分居異財的主張，固然是因爲意識到中國大家族共居的可能流弊，一方面也受到西洋倫理思想重視個人的啓迪。

第三節　夫婦倫理

一、夫婦之際關係對等

遠古時代，人倫未明，子女僅知何人爲母，不識何人爲父。男女之結合

〔註34〕見《倫理教科書》第二冊第七課「論兄弟之倫下」，收入《遺書》（下），頁2050。
〔註35〕同註34。
〔註36〕同註34。
〔註37〕同註34。

最初僅基於生物性的慾與力，而乏社會性的愛與德。及人類進化，社會發展到了相當程度以後，遂出現固定婚姻的結合，而人倫的關係也由此萌生，所謂「男女有別而後夫婦有義，夫婦有義而後父子有親，父子有親而後君臣有正」〔註38〕。在中國，五倫雖以父子之倫爲主軸，但「君子之道，造端乎夫婦。及其至也，察乎天地」〔註39〕，夫婦一倫的確立，乃是家族倫理的基礎。夫婦既爲人倫之造端，慎始善終，乃能維繫家道的和諧與興旺。故昏禮，向來被認爲是「禮之本」。〔註40〕

夫婦之倫始於家庭制度形成之後。《禮記》曰：「妻之爲言齊也」，《說文》云：「妻，婦與夫齊者也」，《潛書・內倫》亦言：「夫之下於妻者，德也，夫不下于妻是謂夫亢，夫亢則門內不和、家道不成，施于國則國必亡，施於家則家必喪，可不慎歟？今人多暴其妻，屈于外而威于內，忍於僕而逞於內，以妻爲遷怒之地，不祥如是何以爲家？」可見在家庭中夫婦本當平等，亦即有求於婦者，相對的也要同樣有求於夫。夫婦之際的權利義務應是均平的，而如何使得夫婦地位臻於平等？則有賴實行一夫一妻制，以及女子能自立。

（一）實行一夫一妻制

劉師培從社會發展上考察，他發現中國人自古即重男輕女，女子被認爲是男人的財產，男子位愈尊而妻愈眾。他說：

> 上古之時，以女子爲一國所共有。由剽掠婦女之風，易爲買賣婦女之俗。故視婦女爲財產之一，視婦女爲至卑。觀《禮》言「納女於大夫」，曰：「備灑掃」，《說文》訓婦爲服，足證三代之時，以服從爲女子之義務，故重男輕女自昔已然。〔註41〕

又說：

> 惟其重男輕女，故男可多妻，女不可多夫。三代之時，賤如庶人始行一夫一妻之制，庶人以上皆一夫多妻，位愈尊者妻愈眾，而蓄妾之風起矣。此不平等者一也。〔註42〕

〔註38〕《禮記・昏義》。
〔註39〕《禮記・中庸》。
〔註40〕《禮記・昏義》。
〔註41〕見《倫理教科書》第二冊第九課「論夫婦之倫上」，收入《遺書》（下），頁2052。
〔註42〕同註41。

妻以服從為義務，多妻是男人地位的表徵。但劉師培覺察到夫婦應是一種對等的關係。他極力表彰古人之能實踐夫婦一體、甘苦與共，同尊卑以親之的倫理。如其謂「昔晉郤缺耕於野，其妻之饁，相敬如賓」；「後漢張湛居幽室必自修整，遇妻子如嚴君」；「明胡居仁居家事悉秉禮，非禮勿動，雖妻子無戲言」，這是夫婦能以禮相待者。又其謂「鮑宣學於桓氏，師以女少君妻之，妻悉歸侍御服飾，與宣共輓鹿車歸鄉里拜姑，禮畢提甕出汲，修行婦道」；「梁鴻娶孟光為妻，鴻為人賃舂，妻為具食舉案齊眉」，這是夫婦齊心同志者也〔註43〕。夫婦之際關係對等，齊心同志，以禮相待，正是其相處之道。

然而漢代以降，三綱之說起，女子被教育要以夫為天，以卑弱、敬順為美德，夫婦之際極不平等。劉師培說：

> 漢代以降，創為夫為妻綱之說，以為男先女後，故妻不可去夫，並主張一夫多妻之說，而婚姻之道苦矣。由是姑虐其婦，夫虐其妻，女子之隱忍就死者不可勝記，加以妾陵其妻、妻虐其妾，家庭之苦不可明言，此皆重男輕女之說啟之也。故欲泯夫婦之爭，必自男女平等始，欲男女平等又必自一夫一妻始。〔註44〕

傳統婦女居家被要求要柔和守節，恪遵三從四德，處處以夫為尊，實不符夫婦之際為對等關係的倫理之道。

（二）女子應求自立

夫婦之際原應是對等的。但由於男女在生理上的差別，男子的氣力遠勝於女子，加以宗法制度男系繼祀的觀念深植於心，以及「牝雞無晨，牝雞司晨，惟家之索」〔註45〕，「女正乎內，男正乎外」，「女子無才便是德」等對於女子的社會角色期盼，使得女子大抵無法自立而須仰給於男子，由是三從之說起，所謂「夫婦之際，義合則留，不合則去」，思想自主獨立，其於女子也就成了明日黃花。劉師培說：

> 嗟乎三代以下女學漸衰，故為女子者大抵不能自立而養給於男子，由是有女子三從之說，以禁遏女子之自由，使之有義務而無權利，

〔註43〕見《倫理教科書》第二冊第十一課「論夫婦之倫當實踐」，收入《遺書》（下），頁2053。

〔註44〕見《倫理教科書》第二冊第九課「論夫婦之倫上」，收入《遺書》（下），頁2052。

〔註45〕《尚書‧牧誓》。

> 加以纏足制行，女子之能力愈薄，致深居閨闥有若俘囚，即爲夫者
> 施以壓力亦無抵抗之方，此則女權不昌之一大原因也。今欲男女平
> 等必自女子能自立始，庶一夫多妻之制不禁而自絕，即蓄妾之制亦
> 可漸革矣。〔註46〕

女子不能自立，衣食仰給於男子，由於缺乏獨立的經濟能力，思想也因之失去其自主性，成爲男子的附屬品。她們或深居閨闥，有若囚俘，面對逆來，只能順受，一生命運，盡操之於人。劉師培能擺脫傳統三從四德的女教，力主女子自立，確實頗有識見。

二、對夫婦之倫的批判

男女原只有性別不同，而無與生俱來的尊卑差異。但傳統社會於男女關係上，卻對女權相當壓抑。劉師培以爲傳統社會要求婦女三貞九烈最違恕道，其所形成的男尊女卑亦多失禮。

（一）節婦貞女有違恕道

節婦者，既嫁之婦爲夫殉節者；貞女者，已聘之婦爲夫守節者也。周代禮制，雖已提出「貞」的概念，但婦女離婚再嫁，或夫死再嫁，在當時仍屬尋常之事，「人盡夫也」〔註47〕，婦女從一而終的觀念，尚未形成。由朝廷提倡貞節，則自秦始皇會稽刻石，說：「飾省宣義，有子而嫁，倍死不貞。防隔內外，禁止淫佚，男女絜誠。夫爲寄豭，殺之無罪，男秉義程。妻爲逃嫁，子不得母，咸化廉清。」〔註48〕開其風。從《後漢書》起，歷代的官修正史、地方史，都立有〈列女傳〉。《後漢書·列女傳》中，爲守節的婦女列傳雖只佔少數，但卻爲宋代以後將「列女傳」變成「節婦烈女傳」的做法打下基礎。東漢班昭在傳統婚姻「將合兩姓之好，上以事宗廟，下以繼後世」〔註49〕的本質下，於其《女誡》中強調「夫有再娶之義，婦無二適之文」，加上朝廷旌

〔註46〕同註44。
〔註47〕《左傳·桓公十五年》載：鄭厲公令雍糾去刺殺岳父祭仲，雍糾的妻子雍姬
　　　得知此事之後，問其母：「夫與父孰親？」她母親回答：「人盡夫也，父一而
　　　已。胡可比也。」於是雍姬便將雍糾謀刺之事洩給父親，導致丈夫被殺。「人
　　　盡夫也」，既表明了當時人對血緣天倫重於夫婦人倫的看法，也說明改嫁現象
　　　的存在，以及「既嫁從夫」的觀念還沒有形成。
〔註48〕《史記·秦始皇本紀》。
〔註49〕《禮記·昏義》。

表貞節，遂使婦女之貞節問題逐步規範化。到了宋代，男尊女卑，三從四德更被提高到「天理」的層次，「餓死事極小，失節事極大」〔註50〕一言，被不斷的神聖化，男人喪偶，可以續絃，婦人喪夫，則終身守孤子。自是貞節這個緊箍咒深深嵌進了中國婦女的心中，成為一種圖騰，一種價值信仰，甚至被制度化、宗教化〔註51〕。劉師培對此提出了強烈的質疑，他說：

> 秦漢以前無節婦貞女之名，及夫權日增，恐女子之舍己他適也，乃以權力壓抑之；又恐己死之後女子不能為己守也，乃創殉節之說以壓抑女子於無形。能殉節者謂之貞，不能殉節者謂之非禮，清議為之表揚，國家為之獎勵，故貞女烈婦之名起于漢代，由是為女子者多惑於虛名，其夫既死則自戕其生命以殉之，亦可謂大惑也矣。〔註52〕

夫婦本當以義合，所謂貞節原應建立在夫妻深厚的感情基礎上，其意義在於生命本然的自我應許與執著，而不該加諸美惡的價值判斷。一旦沾染了社會的道德意識後，就容易使得圓滿單純的情感，變得駁雜不純，甚而成為束縛人的空理。況中國舊式的婚姻，多憑父母之命、媒妁之言，男女雙方於婚前

〔註50〕 程伊川「餓死事極小，失節事極大」一語，近人多識為吃人的禮教，若就婦女的獨立人格而言，這種抨擊確有道理。但這個問題須要再加以辨析：強調女子守貞，其實伴隨著中國傳統婚姻以「繼祭祀、繁子孫」為目的，和婦女「正位於內」的觀念而來的，因為男子淫亂或再娶，最多只是個道德操守或情感忠誠度的問題，可是若女子淫亂便有混亂夫族血統之虞，有子再嫁則等於拋棄撫育後代的責任，亦即可能會造成合家的困擾。再則，如不侷限於婦女貞操，不執意以婦女再嫁為失節，其實「餓死事小，失節事大」可以是一個普遍性、永恆性的倫理原則。蓋人之立身處事皆當有所為而有所不為，有其不可奪之大節，此即孟子「捨生取義，貧賤不能移」之通義。換言之，伊川此語是在應用上有錯誤，而不是原則上的謬失。而且，無論程伊川此言有多大的影響力，都只是為當時婦女守貞的禮俗，提供了理論的基礎而已，不可能完全左右宋代以後的風俗禮教，因此不能將宋代以後扭曲僵化的節婦烈女現象，全然歸咎於程伊川。

〔註51〕 宋代以後婦女遭遇變亂之際，為了防嫌或懼受辱，動輒自殘明志、以死全節。《明史·列女傳》記載：「宣氏，嘉定張樹田妻。夫素狂悖，與宣不睦，夫病，宣晨夕奉事。及死，誓身殉。時樹田友人沈思道亦死，其婦孫與宣以死相要，各分尺帛。孫自經，或勸宣曰：『彼與夫相得，故以死報。汝何為效之？』宣歎曰：『予知盡婦道而已，安論夫之賢不？』卒縊死。」類似宣氏之節烈者，史冊不可勝數，未見諸史冊者，更不知凡幾。可見貞節觀念發展至此，實已脫離了情感的成分，幾近宗教式的殉道。

〔註52〕 見《倫理教科書》第二冊第十課「論夫婦之倫下」，收入《遺書》（下），頁2052。

往往互不相識，強人守貞殉節，未免不近人情。尤其此一要求，又只片面加諸婦女一方，這與「有諸己而後求諸人，無諸己而後非諸人」〔註53〕的恕道思想，最爲相違。

（二）夫尊妻卑逆情失禮

天地之性人爲貴。夫爲妻綱，造成夫尊妻卑，不僅不合於情，而且有失於禮。劉師培以爲其失禮有三：

> 一曰爲子者重父而輕母。《儀禮》言「父在爲母期」，此制今雖失傳，然爲人子者往往尊父而屈母，則以父權較重，母權較輕，此失禮者一也。一曰爲父者重子而輕女。以爲子可承祧，女不可嗣統。由是兄弟一倫，於昆弟則親，於姊妹則疏。然唐甄有言「男女一也。男之子，女之子一也。」是則爲父母者，當愛女猶子，愛其女之所出如其孫，斯爲平等。此失禮者二也。一曰爲女者重舅姑而輕父母。……以爲婦人内夫家外父母家，故服喪之制，爲夫及舅姑斬，則爲父母期。夫女子之於舅姑猶男子之於外舅外姑也。乃妻之父母卒，夫爲之服喪數月。夫之父母卒，妻爲之服喪三年。非惟爲之服喪已也，至並父母之服而降之。殆〈大學〉所謂「所厚者薄，而其所薄者厚歟」，此失禮者三也。〔註54〕

人，同爲父母所生、所養，父母之於子女，其恩情本不分軒輊，但夫尊妻卑的夫婦關係，卻使得爲人子者重父而輕母，於人母最不得平。也使得父母對子女的態度重子而輕女，於子則百般呵護，於女則有意無意地冷漠忽略。又婦人於與己有血緣的父母僅服喪一年，而其於夫之父母卻重孝三年，重舅姑而輕父母，實在有違人情而且失禮。劉師培的批判確實值得吾人深思。

第四節　宗族戚黨倫理

一、關於宗族倫理

「兄弟婚姻，無胥遠矣」〔註55〕。中國傳統社會的骨肉至情、長幼秩序，不僅表現於家庭中的兄弟手足之間，尚且擴展及於整個宗族。「《說文》宗字

〔註53〕《禮記・大學》。
〔註54〕同註52。
〔註55〕《詩・小雅・角弓》。

下云：尊祖廟也。從宀從示。宀爲交覆突屋有家室之形，宗字從示，所以明宗爲一家一祀神也〔註56〕。「族之本意爲矢鋒，從矢，從㫃。㫃爲旌旗之遊，而族字復爲部屬之稱。蓋遊牧之民，種類不同，以旗區別。古代以旗區族，故民之同屬一族者，即爲同族。一族之中雖多同姓之民，然異姓實多，採以神靈首出之一人爲一部人民之祖。凡一部人民咸從其姓，此即族制之起原也。後世以來，凡同姓之人皆爲同族，以上自高祖，下自元孫爲九族。」〔註57〕《周禮》言「宗以族得名」，人民親睦之端，實即於此。中國人之所以重視宗族，因爲它可以貞定報本返始之心，又可以強化團結互助之基，故宗族倫理不可不盡。

如何盡宗族倫理？劉師培說：

> 中國古代人民其對於宗族之倫理，約有二端：一曰通財；二曰合食。《白虎通》曰：「古者所以必有宗者，所以長和睦也，通其有無以能理族也。」又曰：「族者，湊也、聚也。」謂恩愛相流湊也，生相親愛，死相哀痛，有聚會之道，是則古人之敦族制，無非欲人民之親睦耳。〔註58〕

骨肉之親，當相親信，無相疏遠。宗族相處，或通財，或合食，所以相扶持長和睦也。在中國，其能實踐宗族倫理、親睦宗族、扶持宗族的美談頗多。如「宋代范仲淹之言曰：『吾吳中宗族甚眾，於吾固有親疏，然吾祖宗視之，則均是子孫，吾安能不恤其饑寒哉？』」；又如「後漢薛包以孝聞，父母既卒，弟子求分財異居，包乃中分其財，凡奴婢取其老者，田廬取其荒頓者，器物取其朽敗者」；這都是普爲眾人傳誦能親睦推恩於宗族的事例。然而劉師培以爲宗族之乖離亦多。他說：

> 宗族之親睦者莫若中國，而宗族之乖離者亦莫若中國。試觀古代以還，同姓之國日尋征伐，至有互相併吞者。貴族之臣肆行誅戮，至有互相殘賊者。而貴顯之官視宗族之貧賤者，有若奴僕。鄉里之民因同族而爭產者，有若敵仇，則中國人民僅有睦族之虛名耳。〔註59〕

〔註56〕見劉師培《古政原始論·宗法原始論第四》，收入《遺書》（上），頁668。
〔註57〕見劉師培《中國歷史教科書》第一冊第十八課「古代之倫理下」，收入《遺書》（下），頁2195。
〔註58〕見《倫理教科書》第二冊第十二課「對于宗族之倫理」，收入《遺書》（下），頁2054。
〔註59〕同註58。

中國人固重睦族，然中國人民骨肉乖離、族人反目成仇者實多。故劉師培極力強調應實踐宗族倫理。而他又觀察到所謂宗族之間的通財、合食，其本質乃在親睦、扶持，而非施惠與依賴〔註60〕。並認為宗族須「月為一會」，使骨肉日親；且可「合同族之力以互營公益」，這些見解都有可觀。

二、關於戚黨倫理

　　諸父者，宗族也。諸舅者，戚黨也。「戚黨可分為四類：一曰父黨、二曰母黨、三曰妻黨、四曰婚姻，皆與己異姓者也」〔註61〕。戚黨倫理與宗族倫理一樣，都在於親睦與扶持。親睦者，互助團結之謂也；扶持者，禍福與共之謂也。昔晏平仲有言曰：「自臣之貴，父族無不乘車者，母族無不足於衣食者，戚族無凍餒者」，此是古人對於戚黨能實踐親睦扶持之責者〔註62〕。然而由於中國人對於姓氏血脈傳承的重視，重男輕女之風積習相沿，戚黨倫理往往不伸。劉師培說：

> 姑與世父叔父皆王父之所生，今也厚于世父叔父而薄于其姑，可得謂之合理乎？生我者父母也，今也厚于父黨而薄於己黨，可得謂之合理乎？婦與夫齊，今婦于舅姑則責其盡禮盡孝，而夫于外舅外姑則疏而不親，又可得謂之合理乎？子女者己所生也，今也因愛子之故，至並及于子之妻，因愛女之故，而不能愛及女之夫，亦不得謂之合理。今欲矯重男輕女之習，則對於戚黨之倫理，不得不急于講求。〔註63〕

重男輕女之風，使得人們重宗族而輕戚黨。叔伯、兄弟、兒子、媳婦被認為是「自家人」，而姑舅表姨、女兒、女婿，卻因為是「外姓人」，在「非我族類，其心必異」的顧慮下，就較為疏離。然究其血緣關係，則完全是等邊等距的，何有親疏之別？劉師培強調父黨、母黨、妻黨乃至婚姻皆當推其愛睦之心，不宜有所厚薄。他對於中國戚黨倫理失衡之處，有深刻的認識及反省。其在傳統社會裡，能發此論，實具有過人的見識。

〔註60〕劉師培主張「人人皆能治生，不仰給於他人，咸為自立之民。」見《倫理教科書》第一冊第三十四課「說治生」，收入《遺書》（下），頁2044。

〔註61〕見《倫理教科書》第二冊第十三課「對于戚黨之倫理」，收入《遺書》（下），頁2054。

〔註62〕見《倫理教科書》第二冊第十四課「論宗族戚黨倫理均當實踐」，收入《遺書》（下），頁2055。

〔註63〕同註61。

第五節 奴僕倫理

一、革除奴僕之制

階級制度無代無之，奴隸被認為是下人、賤民，是富貴人家的財產，可以被人隨意買賣。中國古代，奴隸之起源，或由於刑法上之關係，「身伏上刑者悉籍家族為奴，犯輕刑者亦以為奴而贖罪」；或由於財政上之關係，「生計艱困者，非以身償值，無以保旦夕之生存，故鬻身為奴」〔註64〕。他們雖或出於被迫，或出於無奈，然同為人所役使，身無自由則一。

劉師培以為人同為天地父母所生，天賦人權與自由，人人平等。但奴僕之制在中國，既違眾生平等之實，又背離社會進化之公例，實應革除。

（一）眾生本皆平等

無論奴隸制度的起源及其盛行的原因若何，人皆天地父母所生，本應擁有天賦之人權與自由。劉師培以為奴僕之制，權勢人家刻薄賊人之子，殘害天地所生之人，最不人道。他說：

> 釋迦說法以眾生平等為歸，同此圓顱方趾之倫，何容軒輊於其間而高下之殊若此，此不得不歸咎于立法之失矣。今欲廉得其情，莫若泯主僕之稱，使世之乏貲財者悉行作工自由之制，以爭存於社會之中。昔顧亭林論吳中蓄奴之弊也，謂有王者起當悉免為良，徙以實邊，所用僕役並出資雇募。邱家穗曰：天地之性人為貴，而人之生於間者，雖有知愚強弱尊卑疏戚之殊，然與我同類其有欲立欲達之心則同，悉必智者尊者強者戚者乃得為人，而愚者弱者疏者遠者不得為人乎？〔註65〕

人雖有智愚強弱尊卑疏戚之殊等，然人的權利與自由乃天所賦予，不容任何人來侵犯與剝奪，又人人皆有欲立欲達之心，而奴僕之制，強分社會階級，以奴僕為下人，為賤民，供人役使，任人欺凌，欲立欲達之心屢遭摧殘，自由自主之權橫遭遏抑，與眾生平等之旨相去實遠，故劉師培從立法上著眼，主張泯主僕之稱，使乏貲財者悉行工作自由之制，為雇工而不為家奴，以維

〔註64〕見《倫理教科書》第二冊第十五課「論對於奴僕之倫理上」，收入《遺書》（下），頁2056。

〔註65〕見《倫理教科書》第二冊第十六課「論對於奴僕之倫理下」，收入《遺書》（下），頁2056。

一己的自由與尊嚴。

（二）社會不斷進化

劉師培考察社會的進化發展，發現中國的奴僕之制不合於社會進化的公例。他說：

> 吾觀西人之言社會學者，謂等級制度之進化，大抵由於家奴而田僕，由田僕而雇工，而中國之階級制也，則又由雇工而田僕，由田僕而家奴，與社會進化之公例相背而馳。此誠吾中國不可思議之一事矣。〔註66〕

社會是不斷進步的。西洋社會等級制度的發展，由家奴而田僕而雇工，個人的人格、權利、自由越來越受到尊重，而中國社會的階級制度，則適相反，由雇工而田僕而家奴，與社會進化之公例完全背馳。沒有人天生即為奴僕，奴僕也是活生生的獨立個體，是以奴僕之制實有革除之必要。

二、合理善遇奴僕

革除奴僕之制可以全奴僕之自由，但由於奴僕之制歷時數千年，相沿已久，一時之間恐無法盡革。故而劉師培主張應減其數，並善遇之。善待奴僕之道有二：一在寬仁，一在授之以業。

（一）寬仁以待

在家族倫理中，主僕是一種特殊的關係。他們沒有血緣親屬的關係，但卻共同生活於同一屋簷底下，日日相處。人非草木，孰能無情，主之待僕以寬仁，而僕之報主以忠義，或臨危護主，或含辛撫孤的美談固甚多。但主刻薄寡恩，虐待僕人；或主弱僕強，主反為僕所制，起居飲食以至出處語默，悉聽於僕，不正常主僕相處，亦所在多有。故奴僕倫理亦須講求，古人之以寬仁待僕，亦可引以為法則。劉師培說：

> 古人善遇奴僕之法，亦有可為法則者。昔東漢劉寬海內稱為長者，曾宴賓客於家，遣蒼頭市酒，迂久大醉而還，客不能堪，罵曰：「畜產。」寬須臾遣人視奴，慮其自殺，顧左右曰：「此人也，罵言畜產，辱莫甚焉，吾懼其死。」又侍婢奉肉羹翻汙寬朝衣，婢遽收之，寬神色不異，乃徐言曰：「羹爛汝手乎？」宋二程子守侯夫人之

〔註66〕同註65。

> 教，飲食衣服無所擇，僮僕有過，以爲貴賤雖殊，人則一也，不以
> 惡言罵之。是古人之對待奴僕首貴寬仁。能寬仁則酷虐之行可泯，
> 即張履祥所謂當善待奴僕，不可橫加凌辱也，此對於奴僕之倫理
> 也。〔註67〕

主與僕貴賤雖殊，但同爲人者則一。惡言罵之，橫加凌辱，都非待僕之道。故不可歧視奴僕，尤不可對奴僕有酷虐之行。劉師培推崇劉寬、二程能以寬仁待僕，爲奴僕倫理立下了良好的典範。

（二）授僕以業

人貴自立，善遇奴僕除了宜待之以寬仁之外，還宜授之以業，使奴僕有治生之力。劉師培說：

> 若漢張安世家僮七百人，皆有手技作事。後漢樊重課役農僕各得其
> 宜，是古人之于奴僕又首貴授之以業，此亦對於奴僕之倫理也。
> 〔註68〕

善遇奴僕不徒在於寬仁或施恩加惠，還在於扶助奴僕，使其有能力治生。人能自立，則能不爲人所役。劉師培這樣的觀點，值得吾人留意。

〔註67〕同註65。
〔註68〕同註65。

第五章　劉師培之社會倫理論

　　人是社會的一分子，社會倫理即個人對於一群之倫理。傳統社會五倫中所謂「朋友有信」，固屬社會倫理的範圍，其「君臣有義」所謂君臣，今則指長官與部屬，亦可列爲社會倫理的範圍。惟劉師培於其《倫理教科書》中，並未論及君臣倫理。

　　「門內之治恩揜義，門外之治義斷恩」〔註1〕，「內則父子，外則君臣，人之大倫也。父子主恩，君臣主敬」〔註2〕。社會倫理與家族倫理本各有其適用的範圍，應對的對象，以及應對的原則。家族中的父子、兄弟、宗族、戚黨，具有天生內在的血緣，它們的結合自然而不可分離。而社會中的朋友、長官部屬，則是一種「道不同不相爲謀」，道合則聚，不同則離的外在遇合的關係。社會倫理絕非簡單的可以直接由家族倫理推而得來。但長久以來，人們深信「堯舜之道，孝弟而已矣」〔註3〕，「人人親其親，長其長」，就可以「平天下矣」〔註4〕。因此，在中國社會倫理並不發達，中國古籍之言社會倫理也失之於簡。本章論述劉師培對社會倫理在中國的考察，及其所論的師友倫理、鄉黨倫理。

第一節　社會倫理在中國

一、社會倫理之起源

　　生民之初，本無五倫。及人類進化，由母權制的圖騰社會易爲父權制

〔註1〕　《禮記・喪服四制》。
〔註2〕　《孟子・公孫丑下》。
〔註3〕　《孟子・告子下》。
〔註4〕　《孟子・離婁上》。

的宗法社會。劉師培認為「女子終於一夫，而夫婦之倫始定」;「女子終於一夫，則由女統易為男統，而父子之倫始定」;「女統既易為男統，一族之中不得不統於所尊，而父權以立，故古代以父為嚴君，而君父古文，字形相似，父處君位，子處臣位，家族政體遂為國家政體之始基，而君臣之倫漸定」;「家族政體為宗法之起源，宗法既立，大宗嗣始祖，小宗群宗咸不得與之齒列，而兄弟之倫始定」;「人生之初，咸有自營之念，然而非一己之力所能勝，乃合眾人之力而共營一事，眾必有比，故耦處無猜，而朋友之倫始定」〔註5〕。倫理起源於人類之進化，而人類之所以能進化，並且卓立於萬物之上，則在於「能靈」與「能群」。「惟其能群，故能競勝萬物」〔註6〕。社會合眾人而後成，是公共團體之稱。而人之所以相合而成為一公共團體，即在合眾人之力，共營一事，藉由合群團結，以得保全生存。劉師培說：

> 希臘之初立盟會也，由所居相近之二三族會同商訂拜神事。此制也，非惟希臘有之，中國上古之初亦然。如社為土地之神，而二十五家亦為社，是古代團體之結，皆由於奉神，同奉一神即同居於一地，積時既久，而社遂為公共團體之稱。今郊野各村落雖民戶僅十餘，必有一祀土神之所，蓋此乃上古相沿之習俗也。故觀社字之從示從土，而知漢族團結之初，無不由祀神始矣。〔註7〕

社字從土從示，此即人民因祭神而團結之證，這是中國之有社會之始。有社會則個人與社會交涉必繁，以是而生社會的規則。社會規則所求在於個人與人群之間權利與義務的均平。既有社會規則即有社會倫理，社會倫理是在人類能靈、能群，理性自覺相互結合，為營共同之利而形成的。故吾人必須明人己之關係。

二、中國社會倫理不發達之原因

個人依賴社會而生存，每一個人都應重視並踐行社會倫理。但中國人向來缺乏公德，社會倫理不發達，劉師培認為主要的原因有三：

〔註5〕 見《倫理教科書》第一冊第二課「倫理之起源」，收入《遺書》（下），頁2026。

〔註6〕 見《倫理教科書》第一冊第四課「論倫理與人類之關係」，收入《遺書》（下），頁2027。

〔註7〕 見《左盦外集·論小學與社會學之關係》，收入《遺書》（下），頁1428。

（一）公私之不明

社會倫理講求的是公德，但中國人往往不明眞公私。劉師培說：

> 昔倉頡之造字也，自營曰私，背私爲公。然按之社會之公理，則未
> 必盡然。夫人生之初，莫不有自營自私之念，然興利除害非一己之
> 力所能勝也。必與人相賴相倚，而己乃有以自存，此公德所由起
> 也。〔註8〕

生民之初，人各有私，人各自利，天下有公利而莫或興之，有公害而莫或除
之。但人類進化，即知與人相賴相倚合天下之私就可以成天下之公。公與私
並非相背。他又說：

> 公德者，又由公共觀念而生者也。蓋野蠻之民無公共之觀念，知利
> 己之所以利己，而不知利物之亦爲利己，及人群進化，知利物之正
> 爲利己，於是犧牲一己之私益，以圖公益之保存，是則公與私互相
> 表裡，利他心者又即利己心之變相，曷嘗有相背之義哉？〔註9〕

小我存於大我之中，社會的生存便是個體生存的前提，社會自由便是個體自
由的基礎。大利所存，人我兩益，個人之苦樂與社會之苦樂息息相關，未有
社會皆樂而個人獨苦者，亦未有社會皆苦而個人獨樂者。保全社會正所以保
全一身。公與私本非相背，而是互相表裡，必明人己之關係，有明確的眞公
私，社會倫理乃彰。

中國人無眞公私，劉師培以爲還緣於專制政體。他說：

> 中國無眞公私，不明公私之界說，其所以無眞公私者，則又由於專
> 制政體之進化。觀中國之解公字者，或借爲王公之公，又與官字同
> 義，此非三代以後始然也。《詩·七月篇》云：「言私其豵，獻豜於
> 公」〈大田篇〉云：「雨我公田，遂及我私」。其所謂公者，皆專屬之
> 朝廷之君主。後世以降，暴君代作，據本非己有之物以爲公，而於
> 民所自營之業目爲私，於民則禁其爲私，於己則許其爲私。蓋至此
> 而中國無眞公私矣。乃其勵臣民也，則又托公而忘私之名，以使之
> 忠於一姓，及其圖公事謀公益，則又加以束縛，使之不獲自由，此
> 人民所由先私後公也。〔註10〕

〔註 8〕見《倫理教科書》第二冊第十九課「論公私之界說」，收入《遺書》（下），頁
　　　 2058。
〔註 9〕同註8。
〔註10〕同註8。

專制政體，帝王以天下爲一己之產業，而公字與官字又同義，官爲公，民爲私，於帝王一姓之私，經之營之，而於人民之私則多方加以禁抑。又專制帝王往往乾綱獨攬，不喜士君子動輒以天下國家爲己任，士有圖公事、謀公益者，又加以束縛限制，此人民習於將天下國家事視爲門外風雨，於社會之事冷漠疏離也。無他，中國社會無眞公私也。

（二）機心之相競

中國人公德不修，社會倫理不發達，劉師培以爲還在於人們機心之相競。他說：

> 凡民之所恃以自立者，一曰周身之防，二曰競爭之志。乃中國之民既乏周身之防而猜疑之心未泯，既乏競爭之志而嫉忌之念日生，而要之皆機心所從出也。……蓋西人之機心用之於物，而華民之機心用之於人。試觀中國之人民，其與友朋共處也，既不能偶居無猜，即出語發言之微，亦不能坦然共白。蓋猜疑嫉忌之心固不能一日忘矣。機心既生，則競爭之釁日啓。試觀中國黨禍之歷史，惟漢之黨錮，宋之朔洛，明之東林，尚能先公後私；若夫殷桓之於晉，牛李之於唐，則大抵長傾軋之風，啓紛爭之習，遂一己之私，而忘天下國家之急者也。公德不修，莫此爲甚。〔註11〕

友朋共處本該推布至誠，不恔不求，但劉師培以爲中國之民機心相競，「其與友朋共處也，既不能偶居無猜，其出話發言之微，亦不能坦然共白」；而朋黨之結合，本該基於一個共同的理想，同心共濟，以圖公事而謀公益，然中國之民機心相競，卻徒長傾軋之風，「啓紛爭之習，遂一己之私，而忘天下國家之急」，造成許多的災禍。劉師培感嘆國人此一心術之偏，是群體渙散的主要原因。他又說：

> 古人之爭競也，或競以德，或競以力，或競以言，而今人之相競也，則競以心。古人之害群也，害於有形，今人之害群也，害於無形。其用心也既密，其計策也必深。因疑而猜，由忌而嫉，其對人也不能推布至誠，惟以機心相競，或以言餂，或以不言餂，即一言一話之微，莫不伏以殺機，以陷害他人爲得計，以機變之巧爲權謀，雖蜂蠆之毒不是過也。此世人而皆若此，則人心之險薄尚堪問

〔註11〕見《倫理教科書》第二冊第二十課「論中國社會倫理不發達之原因」，收入《遺書》（下），頁 2059。

耶。〔註12〕

機心相競，「一言一話之微，莫不伏以殺機，以陷害他人爲得計，以機變之巧爲權謀」，人我共處若此，群體之凝聚力何在？

　　機心相競，使群體渙散離析。爲求合千萬之心爲一心，劉師培主張人我共處宜去忮、相恕。他說：

> 忮心由於相妬，相妬由於不相能。昔〈秦誓〉曰：「人之有技，若己有之。」又以娼疾爲亡國之根。推之程明道見善若出諸己，陸子不以私憤毀人，皆古人去忮心之法。忮心既去，庶可以不至傷物矣。〔註13〕

又說：

> 凡與人相處，責己不能不嚴，責人不得不薄。如夷齊不念舊惡，廉頗交相如之懽，劉寬恕盜牛之人，皆責人貴寬者也。責人既寬，則人己互相恕，可以永保其和睦。〔註14〕

忮心去則不傷物，人己相恕則永保和睦，以此而可以絡人民，可以圖公益，社會倫理於是可盡。

（三）學士文人之鼓煽

　　中國人立身行事，本有其抱道自守的一面，也有其利濟蒼生的另一面。但實際的情形是，強調「慎獨」、「固窮」之類的個人道德修養，遠超過實際的臨民治事。劉師培以爲中國人公德不修，社會倫理不發達，還與學士文人之鼓煽有關。他說：

> 中國詞章家之思想，一曰厭世派，此遺民佚民所倡者也。一曰樂天派，則達士狂士所倡者也。此二派者皆言楊朱爲我之派，與公德之說大相背馳。今觀摩詰表聖之詩，大抵以高隱自足者也。以高隱自足，是獨善而不能兼善也。青蓮、東坡之詩大抵以樂利爲宗者也。以樂利爲宗，是利己而不復利物也。在倡此思想者，不過出於一時之激憤，然歷時既久，而此等思想遂浸淫於民心。李德裕之言曰：「以吾平泉之一草一木與人者，非吾子孫。」韓昌黎之言曰：「理亂不知，

〔註12〕見《倫理教科書》第二冊第二十六課「釋和睦上」，收入《遺書》（下），頁2063。
〔註13〕見《倫理教科書》第二冊第二十七課「釋和睦下」，收入《遺書》（下），頁2064。
〔註14〕同註13。

黜陟不聞。」此大丈夫不遇於世者之所為。以今觀之，一則縈懷於自利，一則無志於濟時，而要之皆私念之所致也。其阻礙社會倫理之發達，不亦甚耶。〔註15〕

社會是一種多元的組織，而人心則是一種萬殊的機括。以特立獨行之身，處多元萬殊之局，當然不是人盡從我，就是我盡從人。否則就只有還我初服，退居林下，以求獨行其是。是以無論是王維的「晚年唯好靜，萬事不關心。自顧無常策，空知返舊林」〔註16〕靜觀萬象，空諸一切，心無掛礙，素處以默的高隱自足，或李白的「鐘鼓饌玉不足貴，但願長醉不願醒。古來聖賢皆寂寞，唯有飲者留其名」〔註17〕，以及蘇軾的「長恨此身非我有，何時忘卻營營？夜闌風靜縠紋平，小舟從此逝，江海寄餘生」〔註18〕之出於一時之激憤語，都予人有以利己為宗，厭世樂天，但求獨善其身而不復兼善天下的感受。這些文學作品代代相傳，深入人心。公德由是日薄，人們於謀一群之利害之事，亦多互相推諉避而莫敢居先。「個人自掃門前雪，不管他人瓦上霜」，也就成了中國社會人心的寫照。

三、建立完全之社會

己身倫理在提昇個人的德性與品質，家族倫理、社會倫理則在完善個人的生活。然中國社會倫理不發達，劉師培除探索其原因外，他還認為欲人民有公德，須建立完全之社會。而完全之社會必事各有會，民各有黨，人人均委身於社會之中。他說：

> 無論何物均有吸力及愛力。黨也者，由相愛相吸二力而成者也。故《易》有「同人」之卦。孔子曰：「德不孤，必有鄰」，又曰：「君子以文會友」。有黨斯有會，有黨斯有鄰，有黨然後可同，是古人固不諱朋黨矣。又古者民必立社，同社之民均互相團結，此即地方自治之規，未聞禁民之相聚也。古有合財共貫之說，謂之同貨財，亦不聞禁民之相合也。〔註19〕

黨也者，萬物之公性情也。黨是由一群志同道合的人，本著一個共同的理想，

〔註15〕見《倫理教科書》第二冊第二十課「論中國社會倫理不發達之原因」，收入《遺書》（下），頁2059。

〔註16〕王維：〈酬張少甫〉。

〔註17〕李白：〈將進酒〉。

〔註18〕蘇軾：〈臨江仙〉。

〔註19〕見《倫理教科書》第二冊第三十六課「結論」，收入《遺書》（下），頁2071。

相愛相吸結合而成。他們「所守者道義」,「所行者忠信」,「所惜者名節」,「以之修身,則同道而相益」,「以之事國,則同心而共濟」〔註20〕。劉師培以爲古人並不諱朋黨,也不禁民之相聚,更不禁民之相合。他指出有黨始爲完全之社會,有完全之社會,社會倫理始著。他比較中外社會之差異,說:

> 釋迦說法必與數十萬人俱,而泰西各國無事不有會,無人不植黨。蓋一木易折,合群木以折之,雖烏獲亦難施其技,民之有黨可以相助相保,亦猶是也。蓋各國均以黨而興,則欲興中國亦不得諱言朋黨。〔註21〕

民之有黨可以相助相保。泰西各國事各有會,民各有黨,人人均委身於社會之中,將個人小我與社會大我密切融合。無論所擇爲何業,皆敬事而不苟且,期有裨於社會;而士農工商各有所萃居之地,亦不復遷於異物,所業由專而精,亦推動著社會的進步。社會倫理行,己身之生活也因之而幸福。故吾人應建立完全之社會。

第二節　師友倫理

一、尊　師

師者,以先知覺後知,以先覺覺後覺,教人以道者也。尊師即所以重道。師生之間,雖未必有血緣的關係,但從知識生命以及道的傳承而言,師生情誼似同父子。故師之視生如子弟,則生亦信愛其師如父兄。傳統社會,老師與學生之間的關係,基於「愛」與「敬」的原則,大都極爲溫馨和諧。此在孔子及其弟子尤其如此。如《論語・雍也》即記載:「伯牛有疾,子聞之,自牖執其手。曰:『亡之,命矣夫!斯人也,而有斯疾也!斯人也,而有斯疾也!』」又《論語・先進》亦記載:「子畏於匡,顏淵後。子曰:『吾以女爲死矣!』曰:『子在,回何敢死。』」孔子對弟子的關懷愛護,可謂無微不至。而弟子對孔子的尊敬與心悅誠服,亦到達極點。據《孟子・滕文公上》的記載:「昔者孔子沒,三年之外,門人治任將歸。入揖於子貢,相嚮而哭,皆失聲,然後歸。子貢反,築室於場。獨居三年,然後歸。」師生的情誼,不遜於父子。中國傳統社會,老師的地位崇高與師道的尊嚴,不僅在於老師能學而不

〔註20〕歐陽修:〈朋黨論〉。
〔註21〕同註19。

厭，教而不倦，有著深厚的學養，崇高的人格，足爲學生的表率，更在其能正風勵俗，導引社會走向雍穆。劉師培以爲古代無背師之人。他說：

> 古人之重己師也，與君父同。從學於師，必盡弟子之職。師歿之後，必爲之制服。《荀子・致士篇》曰：「弟子通利則思師。」又〈大略篇〉曰：「言而不稱師謂之畔，教而不稱師謂之倍。倍畔之人，明君不内，朝士大夫遇諸塗不與言。」是則古代無背師之人矣。〔註22〕

「古人之重己師也，與君父同」，「從學於師，必盡弟子之職」，從知識傳承上言，老師確實有恩於己。「一日爲師，終生爲父」，尊師所以表示不忘本與不忘恩。

又，《國語・晉書》有謂：「民生於三，事之如一。父生之，師教之，君食之。」《荀子・禮論》更謂：「禮有三本：天地者，生之本也；先祖者，類之本也；君師者，治之本也。無天地，惡生？無先祖，惡出？無君師，惡治？三者偏亡焉，無安人。故禮上事天，下事地，尊先祖而隆君師，是禮之三本也。」師被提高到可與天地君親同尊的地位。然而老師的地位所以崇高，並非只在於師這個「名」，更在於師確有其可尊之「實」，故師亦當尊道崇禮，以身立教。否則不但難爲人所尊，甚至還可能出現如逢蒙、陳相之類的逆徒。劉師培說：

> 東漢之士猶重師恩……其敦重師誼，雖孔門弟子不是過也。且漢人說經貴師說，宋明之儒言學均貴師承，咸能不忘其本。近人薄於師誼，輕者視師若路人，重者或出其術以與師敵，則是人人皆逢蒙，皆陳相也。此殆荀子所謂衰國必賤師輕傅者歟。〔註23〕

老師果能恢弘師道，自然爲人所尊。若夫衰世，師不師則自然生不生。陳相之背師，逢蒙之弑師，爲師者，能不引以爲誡？

二、信　友

人生於世不能離友而獨立。同師曰朋，同志曰友。古人於朋友也，有責善之情，有通財之誼，有往來酬酢之禮。朋友是五倫之一，人與人間友誼的建立，在於一個「信」字。交友的意義爲何？對朋友應有什麼態度？如何擇友、交友？這都是與朋友相接，應探索的問題。

〔註22〕見《倫理教科書》第二冊第三十四課「對於師友之倫理」，收入《遺書》（下），頁2069。
〔註23〕同註22。

　　有關交友的目的，《論語・學而》有謂「以友輔仁」，《孟子・萬章下》有謂「友也者，友其德也」，這是說交友的目的，在於德行上互相輔助，若「群居終日，言不及義，好行小慧」〔註24〕，相處不談正道，那就是與交友之意義相違悖。劉師培說：

　　　　友者所以益己也。故孔子以直、諒、多聞為益友。〔註25〕

「友者所以益己也」，劉師培自注云：「人之受友朋之益約有三端：一曰可以匡己之德；二曰可以助己之識；三曰可以益己之學。」故孔子以「友直、友諒、友多聞」為三益友，以「友便辟、友善柔、友便佞」為三損友，其所著眼的正在於對自己的成德成學是否有所助益。故取友在於擇人，而擇人貴於知人：「相形不如論心，論心不如擇術。形不勝心，心不勝術。術正而心順之，則形相雖惡而心術善，無害為君子也。形象雖善而心術惡，無害為小人也」〔註26〕，不以貌取人；「巧言令色，鮮矣仁」〔註27〕也不以言取人。而皆能擇益友而絕損友。

　　在交友的態度上，〈中庸〉將「有求乎朋友，能先施之」，列為君子之道之一〔註28〕；子張認為該矜惜不如己者，「尊賢而容眾，嘉善而矜不能」〔註29〕；而孟子於答萬章問友時，則誡以不該有所挾，因為與人相交若「挾長」、「挾貴」、「挾兄弟而友」，則或有所利用，或有所依賴，利盡則離，勢去則散〔註30〕；又於答萬章問交際時，則認為該「其交也以道，其接也以禮」〔註31〕。劉師培以為諛友、勢友都是損友，而交友之道該尚直與尚誠。他說：

〔註24〕《論語・衛靈公》。

〔註25〕見《倫理教科書》第二冊第三十課「論擇交」，收入《遺書》（下），頁2066。

〔註26〕《荀子・非相》。

〔註27〕《論語・學而》。

〔註28〕按《禮記・中庸》謂：「君子之道四，丘未能一焉。所求乎子以事父，未能也；所求乎臣以事君，未能也；所求乎弟以事兄，未能也；所求乎朋友，先施之未能也。」是朋友相處之道在於互相輔仁，對於朋友須問自己對其有無貢獻，不可片面專望朋友對自己有何助益。

〔註29〕按：《論語・子張》謂：子夏之門人，問交於子張。子張曰：「子夏云何？」對曰：「子夏曰：『可者與之，其不可拒之。』」子張曰：「異乎吾所聞，君子尊賢而容眾，嘉善而矜不能。我之大賢與，於人何所不容。我之不賢與，人將拒我，如之何其拒人與？」

〔註30〕《孟子・萬章下》。

〔註31〕同註30。

> 處交友之道,一曰尚直,尚直則不曲。二曰尚誠,尚誠則不僞。相
> 處以親不以疏,作事以信不以疑,訂交以漸不以速,此皆處交友之
> 道也。〔註32〕

交友之道在尚直,蓋直則能不惑於利,不惑於勢,敬以直內,義以方外,潔
身而不曲。交友之道又在尚誠,蓋誠者,物之終始,不誠無物。誠則能眞實
無妄,懇摯無僞,敦厚崇禮,言行相一。劉師培論交友,可謂與「有諸己而
後非諸人」的忠恕之道不違。

第三節　鄉黨倫理

一、相親相濟

　　國家合眾鄉而成,由一鄉風俗的厚薄,可以明一國的治亂。地方建設是
國家建設的基礎。人不能離群而獨處,人人爲我,我爲人人,個人必與他人
往還,始能實現自我,完成自我。從前,齊國陳仲子離群索居,「居於陵,三
日不食,耳無聞,目無見也。井上有李,蠐食實者過半矣。匍匐往將食之,
三咽然後耳有聞,目有見」。匡章以爲陳仲子不苟取,是個廉士。但孟子卻以
爲陳仲子辟兄離母,無親戚君臣上下,豈有無人倫,而可以爲廉哉?「充仲
子之操,則蚓而後可也」〔註33〕。中國思想,以倫理爲立足點,而合群正是
倫理道德的高峰。鄉黨倫理即貴在「出入相友,守望相助,疾病相扶持」,彼
此相親相濟。劉師培說:

> 古帝王之治天下也,首貴合群。而合群之道必由近而及遠,則對於
> 鄉黨之倫理不得不急於講求。案《周禮》有言:合五家爲比,使之
> 相保;五比爲閭,使之相受;四閭爲族,使之相葬;五族爲黨,使
> 之相救;五黨爲州,使之相賙;五州爲鄉,使之相賓,此地官族師
> 所載之制也。司徒教之以興民德,司馬用之使之維鄉閭,法良意美。
> 又孟子云:「死徒無出鄉,鄉田同井,出入相友,守望相助,疾病相
> 扶持,則百姓親睦」,此孟子所陳古井田之制也,均爲古帝王合民群
> 之法。故程明道之論十事也,謂政必教始於鄉黨。夫古人之處鄉黨
> 也,不外相親相濟,其法已見於《周禮》、《孟子》。相親所以息爭,

〔註32〕見《倫理教科書》第二冊第三十課「論擇交」,收入《遺書》(下),頁2066。
〔註33〕《孟子・滕文公下》。

相濟所以尚厚。〔註34〕

「古帝王之治天下也，首貴合群。而合群之道必由近而及遠」，故鄉黨倫理應予講求。處鄉黨也，不外相親相濟。欲推相親之誼，則鄉飲、鄉射之禮不得不行；欲推相濟之誼，則慈幼、養老、賑窮、恤貧之事不得不盡。出入相友、守望相助、疾病相扶持，相親所以息爭，相濟所以尚厚，老安少懷，方是理想的社會景象。

二、恭敬桑梓

「離別家鄉歲月多，近來人事半銷磨。唯有門前鏡湖水，春風不改舊時波」。泥土的芬芳、人情的溫暖，每一個人的心靈深處，往往有一份濃濃的鄉土情懷，即使遠離家園，但家鄉的人事永遠會是心頭的惦念，家鄉的景物仍會成為永恆的銘印。劉師培以為每個人由關懷土地、熱愛鄉土，他們會更全心委身於鄉黨之事，會更投入於為一鄉圖公益。他關心方志的編撰，並主張將「惠澤被於一邑，能為闔境興利除害者」，或「能以死力捍衛者」，都應將之列入方志中的「人物志」裡，因為他們都是鄉黨倫理的踐行者，藉由這些鄉賢的事蹟，有助於人們之淑身與倫理教育〔註35〕。劉師培以為能恭敬桑梓，才算善盡鄉黨倫理之責。他說：

> 古代之人多有委身於鄉黨之事者。兩漢之時郡邑曹掾多以鄉人任其職。如雷義為郡功曹，擢舉善人不伐其功，濟人死罪不受其饋。而范滂諸人咸能為一鄉圖公益。《詩》言「維桑與梓，必恭敬止。」閻若璩曰：「國家之事非吾責也，然地方之大利大害亦吾輩之責。」蓋既為此境之人，對於此境之職務，即有密切之關係。故有功德於民者，古代祀之鄉社，此即對一鄉克盡其責之人也。若漢視鄉黨之事，則東漢之時，劉勝罷官，居鄉閉門，掃軌無所干及。潁川太守稱其高，而郡人杜密謂勝知善不舉，聞惡不言，隱情惜己，自同寒蟬，目為罪人。則視鄉黨之事非己事者，古人均斥其非。〔註36〕

鄉黨之事，即為己身之事。既居鄉里，就該關心週遭之事，並委身公共事物

〔註34〕見《倫理教科書》第二冊第三十五課「論對鄉黨之倫理」，收入《遺書》（下），頁 2070。

〔註35〕見《左盦外集・編輯鄉土志序例》，收入《遺書》（下），頁 1591。

〔註36〕見《倫理教科書》第二冊第三十五課「論對鄉黨之倫理」，收入《遺書》（下），頁 2070。

之中。若昧於合群之理，「絕欲遺世，忍情性，絕嗜欲，以自異爲高，絕倫棄類，不復以天下爲心，是則山林枯槁之流耳」〔註37〕。劉師培這樣的觀點，與孟子不以陳仲子爲廉的批評，十分相合。

　　既爲此境之人，對於此境之職務即有密的關係，故關心地方之大利，即爲吾輩不可或忘的職責。因此劉師培主張地方官宜多用本地人。然鄉黨之政，並非每個人都有施政之權，劉師培以爲於此之際，每個人都應將化民成俗引爲己任。他說：

> 昔秦漢每鄉均有三老施教化。……漢陳寔以德化潁川，其鄉人謂寧爲刑罰所加，無爲陳公所短。王烈以義行稱鄉里，有盜牛者，烈遺以布，激其改善。後路旁遺劍，盜牛之人守之至暮。凡太原民有爭訟，輒質於烈。推之邵康節諸人，均能以德化施一鄉，則對於鄉里應有施教之責矣。〔註38〕

「儒者在本朝則美政，在下位則美俗」〔註39〕。個人居鄉里間，除了有興地方大利，除地方大害的責任外，也有維持一鄉善良風俗的義務。故修身正己，和鄉人與德業相勵，亦爲人們當踐行的鄉黨倫理。若居鄉而不能有益於鄉，則爲大恥。

〔註37〕見《倫理教科書》第一冊第三十一課「說清和」，收入《遺書》（下），頁2042。

〔註38〕同註36。

〔註39〕《荀子·儒效》。

第六章 結 論

劉師培以爲「倫理者，所以維繫人群而使人類常存者也」〔註1〕，又以爲「倫理雖以實行爲主，然必先知而後行，若昧於倫理之原理，徒以克己斷私之說，強人民以必從，殆〈大學〉所謂拂人之性者矣」〔註2〕。他重視倫理教育，著有《倫理教科書》兩冊，做爲學校教本，正因有感於「中國人民當總髮之時，即誦《孝經》及《四子書》，然躬行實踐之人曾不一睹」之失，而思有以矯傳統倫理思想之偏，使之歸於中正，期人人可以實踐，以「振勵國民精神，使之奮發興起」〔註3〕。劉師培對傳統倫理思想有不少深刻的反省。他試圖系統的總結傳統倫理學說和修養論，對傳統倫理學者提出不少改革的意見；又吸收西方社會學的觀點，來完善中國的倫理思想，於倫理規範所隱含的價值與理想，也有不少的闡述。在晚清那個西學衝擊，舊社會解體，新社會待建的時代，劉師培在倫理思想上的反思與建構，就當時而言，是一個保國救亡的莊嚴工作。

總結本文的論述，吾人可以發現劉師培的倫理思想，有下列幾個特點。

其一、引西學以進舊學的領域：在倫理的概念上，劉師培不僅在傳統上尋根基，他還在西方社會學中找論證。如他以西人之分倫理學爲己身倫理、家族倫理、社會倫理、國家倫理、萬有倫理爲架構，來論述傳統的五倫。又如他推崇西方社會學「析心理、物理二科」之說〔註4〕，引進西人「倫理學多

〔註1〕 見《倫理教科書》第一冊第四課「論倫理與人類之關係」，收入《遺書》（下），頁 2027。
〔註2〕 見《倫理教科書・序例》，收入《遺書》（下），頁 2025。
〔註3〕 同註2。
〔註4〕 見《理學字義通釋・理》，收入《遺書》（上），頁 461。

與心理學相輔」的觀念，來論證孟子的「心之官則思，思則得之，不思則不得」的修養論〔註5〕。再如他以道起於風俗習慣，原於政體法律，並強調天賦人權，將自由與平等的價值注入於倫理規範之中，都爲傳統倫理思想再開生面。劉師培在倫理思想上，能引西學以進舊學，這對長期以來「世人之窮經」，但「守一先生之言」〔註6〕，人們不必探尋真理，只要緬懷先聖先賢之言，爲其作箋，就以爲有功於世的思維惰性，是一大突破。

其二、批判傳統重建傳統：劉師培對傳統倫理思想有不少的批判。如其於論倫理之起源時，即反對道德爲先天存在的絕對觀念。他謂「陋儒以倫理爲天所生」，立理以限事，「使倫理成爲束縛人民之具，是昧於進化之理」。又他於論己身之重要時，指出「中國人不明己身爲社會國家所有。己身所對，僅以家族爲範圍，凡事於家族有利者，則經營惟恐其後；凡事於家族有害者，則退避不敢復攖，而一群公益不暇兼營」。但知有家，不知有社會、國家，修身僅爲實踐家族倫理之基，是中國倫理之一大失，而主張多興辦公益事業，敦親睦鄰，以完善社會倫理。再如其於論權利與義務之界時，謂「中國古昔之思想，咸分權利義務爲二途」，以義爲公，以利爲私，以是「倡交利學派者，皆視利字而不言。日爲他人盡義務，而不復取權利以爲酬」，此爲迂闊之說；而「倡自修學派者，惟以自營自私爲大戒」，不求權利，亦不盡義務。他極力主張必權利義務之界清明，且得其均平，始克稱爲倫理。又他反對社會上習以爲常的「重男輕女」、「男尊女卑」等觀念，認爲此有違人類生而平等之義。而欲泯男女之間的不平等，則宜從女子咸能自重自立始。蓋「自重者，不欲後他人之謂也」，能自重則爲人所不能輕；「自立者，不欲傍他人之謂也」，能自立則爲人所不能抑。劉師培批判傳統，但他並不揚棄傳統，而是要使傳統刮垢磨光，因之更明，此亦是國粹學派的基本立場。

其三、反對專制政體建立相對倫理：人生而自由平等，每個人都是獨立的個體，也都有著平等的人格。人無自由則無樂生之趣，亦無活潑生機，此是倫理的精義。但傳統倫理，過分突出「克己復禮」，片面要求奉獻、犧牲，忽略了人的內在情性需要，壓抑並摧殘了個人的自然生命。而專制政體所形成的三綱之教，使得在家族倫理中，原本的父慈子孝、兄弟怡怡，以及夫婦

〔註5〕見《理學字義通釋‧心思德》，收入《遺書》（上），頁469。
〔註6〕黃宗羲《明儒學案》卷五十二，〈諸儒學案〉，頁 2。台北：中華書局，1984年。

之道相敬如賓的互盡共盡之倫，一轉而爲「父爲子綱」、「夫爲妻綱」的片面、絕對的權威倫理。而原本「以義合」的君臣關係，也一變而爲「君爲臣綱」的上下隸屬尊卑關係。倫理道德政治化，以勢爲理，而不以情得其平，好惡有節爲理。尊者以理責卑，精神高壓、道德說教、倫理的價值全遭破壞。相對倫理被扭曲爲絕對倫理之後，中國社會便處處呈現著不平等的現象。此在「天下無不是的父母」可以見之，在「人生莫做婦人身，百年苦樂由他人」可以見之，在「兄長如父」可以見之，在「君要臣死，臣不得不死」可以見之。而在「居上位者」，「祭禮隆」、「握兵符」、「富於財」、「豐於學」；「居下位者」，「祭禮殺」、「失兵柄」、「絀於財」、「嗇於學」〔註7〕，奴僕被視爲財物，可以用來交易買賣，亦可見之。劉師培反對專制政體，主張相對倫理，並認爲「必盡破貴賤之級」〔註8〕以維持社會的平等。他又認爲專制政體，國君一人獨尊，既禁結社，也禁植黨，使得社會變得不完全，也使得人們普遍公德不修，造成社會倫理的不發達。劉師培對專制政體的針砭，對中國倫理的重新建構，其見解都十分精到。

　　其四、突出個人的地位與責任：傳統倫理，體現於禮。禮的內容雖然千絲萬縷，但其主脈則在渴求和諧、安定與團結。在中國，個人的角色不僅由和其他角色的關係來界定，而且以別的角色爲依歸。「禮者，自卑以尊人」，爲了突出社會的需求，爲了保持人際關係的和諧，個人的眞實情感往往遭到抑制。幾千年來，中國人的性格，一直是拘謹內斂，少有眞情的自然流露，即使有也是以溫情默默的方式呈現。劉師培在倫理思想上，則突出個人的地位與責任。他認爲修身可以矯氣質之蔽，可以脫習俗之愆，使己身爲完全之人，是實踐倫理之基。故每一個人都應挺立個人的人格，既不自肆，也不自廢。而爲避免成爲社會國家之大蠹，每一個人都應自省、立志、好學、治生、衛身、謹言修容，修己以敬，這是個人的責任。此外，每一個人還應明辨義利的權限，了解公私並非對立不容，而是互爲表裡的道理。合許多個人的私利，可以成爲社會群體的公益。「倫理雖合數人而後見，仍當以己身爲主體，以宗族、社會、國家爲客體，故倫理一科首重修身」〔註9〕。劉師培突出個人的地位與責任，將個人視爲倫理的中心，這在中國向來就有強調族群利益而

〔註7〕見劉師培《古政原始論・階級原始論第六》，收入《遺書》（上），頁672。

〔註8〕見《左盦外集・悲佃篇》，收入《遺書》（下），頁1682。

〔註9〕見《倫理教科書》第一冊第一課「釋倫理之義」，收入《遺書》（下），頁2026。

輕個人價值的主流思潮中，可謂相當新穎，且帶有革命的氣息。

　　總之，劉師培觀察敏銳，又長於思辨。他試圖系統的總結傳統倫理學說，又試圖充實完善中國的社會倫理，並力矯家族倫理之偏，不論是對外在倫理規範的的反省，或是內在倫理價值根源的探索，都有一定的深度與廣度。劉師培的倫理思想於傳統倫理學說，既有所繼承，也所所改造，吾人可由其倫理思想看出清末民初的知識分子，對於新舊社會、中西文化的調融與努力，也可從中見到傳統倫理思想向現代社會轉化的契機。

參考書目

說明：1. 本參考書目分成專書、期刊論文及學位論文三部份。
2. 專書部分又分爲劉師培著述及其作品選注、傳記資料、研究劉師培之著述、倫理思想、其他五類。
3. 書目順序皆依出版時間先後排列。

一、專　書

（一）劉師培著述及其作品選注

1. 劉師培：《劉申叔先生遺書》，上海：江蘇古籍出版社，1997 年。
2. 李妙根編注：《劉師培論學論政》，上海：復旦大學出版社，1990 年。
3. 李妙根編注：《國粹與西學：劉師培文選》，上海：遠東出版社，1996 年。
4. 趙愼修編注：《劉師培：評傳作品選》，北京：中國文史出版社，1998 年。
5. 勞舒編、雪克校：《劉師培學術論著》，杭州：杭州人民出版社，1998 年。

（二）傳記資料（與劉師培有關的著述）

1. 馮自由：《革命逸史》，台北：台灣商務印書館，1965 年。
2. 李漁叔：《魚千里齋隨筆》（增訂本），台北：中華書局，1970 年。
3. 湯志鈞：《章太炎年譜長編》，北京：中華書局，1979 年。
4. 陶菊隱：《六君子傳》，台北：仲文出版社，1986 年。
5. 汪東：《辛亥人物碑集傳》，北京：團結出版社，1991 年。
6. 楊天石：《尋求歷史的謎底》，台北：文史哲出版社，1994 年。

7. 徐虹主編：《北大四才子》，長春：東北師範大學出版，1997 年。

（三）研究劉師培之著述

1. 陳燕：《劉師培及其文學理論》，台北：華正書局，1989 年。
2. 馮永敏：《劉師培及其文學研究》，台北：文史哲出版社，1992 年。
3. 方光華：《劉師培評傳》，南昌：百花洲文藝出版社，1996 年。

（四）倫理思想

1. 蔡元培：《中國倫理學史》，台北：中央文物供應社，1960 年。
2. 劉眞：《儒家倫理思想述要》，台北：正中書局，1967 年。
3. 龔寶善：《現代倫理學》，台北：中華書局，1972 年。
4. 謝扶雅：《倫理學新論》，台北：台灣商務印書館，1973 年。
5. 佛洛姆：《人類之路──倫理心理學之探究》，台北：協志工業叢書，1973 年。
6. 文中一：《倫理學》，台北：大中國出版社，1982 年。
7. 高思謙：《中外倫理哲學比較研究》，台北：中央文物供應社，1983 年。
8. 沈善洪：《中國倫理學說史》，杭州：浙江人民出版社，1985 年。
9. 張德勝：《儒家倫理與秩序情結》，台北：巨流圖書公司，1989 年。
10. 張岱年：《中國倫理思想研究》，台北：貫雅文化事業公司，1991 年。
11. 姜法曾：《中國倫理學史略》，北京：中華書局，1991 年。
12. 張錫勤：《中國倫理思想通史》，黑龍江：黑龍江教育出版社，1992 年。
13. 徐順教、季甄復主編：《中國近代倫理思想研究》，上海：華東師範大學出版社，1993 年。
14. 張豈之、陳國慶：《近代倫理思想的變遷》，北京：中華書局，1993 年。
15. 英·亨利·希季威克著、廖申白譯：《倫理學方法》，北京：中國社會科學出版社，1993 年。
16. 鄔昆如：《倫理學》，台北：五南圖書出版有限公司，1994 年。
17. 德·叔本華著、任立、孟慶時譯：《倫理學的兩個基本問題》，北京：商務印書館，1996 年。
18. 陳少峰：《中國倫理學史》，北京：北京大學出版社，1997 年。
19. 荷蘭·斯賓諾莎著、賀麟譯：《倫理學》，北京：商務印書館，1999 年。

（五）其　他

1. 陳淳：《北溪字義》，台北：世界書局，1959 年。
2. 張舜徽：《清代揚州學記》，上海：人民出版社，1962 年。

3. 張舜徽：《清人文集別錄》，北京：中華書局，1963 年。

4. 阮元：《揅經室集》，台北：世界書局，1964 年。

5. 顏元等：《顏李叢書》，台北：廣文書局，1965 年。

6. 焦循：《論語通釋》，台北：藝文印書館，1966 年。

7. 徐世昌：《清儒學案》，台北：世界書局，1966 年。

8. 支偉成：《清代樸學大師列傳》，台北：藝文印書館，1970 年。

9. 阮元：《皇清經解》，台北：復興書局，1972 年。

10. 黎靖德：《朱子語類》，台北：正中書局，1973 年。

11. 郭湛波：《近代中國思想史》，香港：龍門書店，1973 年。

12. 黃公偉：《中國近代學術思想變遷史》，台北：幼獅文化事業公司，1976 年。

13. 司馬遷：《史記》，台北：鼎文書局，1978 年。

14. 朱熹：《四書集注》，台北：學海出版社，1979 年。

15. 段玉裁：《說文解字注》，台北：學海出版社，1979 年。

16. 趙爾巽：《清史稿》，台北：鼎文書局，1981 年。

17. 李又寧、張玉法：《中國婦女史論文集》，台北：台灣商務印書館，1981 年。

18. 小野川秀美著、林明德、黃福慶譯：《晚清政治思想研究》，台北：時報文化出版事業有限公司，1982 年。

19. 孫希旦：《禮記集解》，台北：文史哲出版社，1982 年。

20. 朱熹：《二程遺書》，台北：台灣商務印書館，1983 年。

21. 錢穆：《從中國歷史來看中國民族性及中國文化》，台北：聯經出版事業公司，1983 年。

22. 徐復觀：《中國思想史論集》，台北：學生書局，1983 年。

23. 黃宗羲：《明儒學案》，台北：中華書局，1984 年。

24. 黃宗羲：《宋元學案》，台北：中華書局，1984 年。

25. 李滌生：《荀子集釋》，台北：學生書局，1984 年。

26. 金耀基：《中國現代化與知識分子》，台北：時報文化出版事業有限公司，1984 年。

27. 朱熹：《朱文公集》，台北：台灣商務印書館，1985 年。

28. 張灝等：《中國近代思想人物論——晚清思想》，台北：時報文化出版有限公司，1985 年。

29. 凌廷堪：《禮經釋例》，北京：中華書局，1985 年。

30. 段玉裁：《段玉裁遺書》，台北：大化書局，1986 年。

31. 余英時：《歷史與思想》，台北：聯經出版事業公司，1986 年。

32. 孫隆基：《中國文化的深層結構》，台北：古楓出版社，1986 年。

33. 徐秉愉等：《吾土與吾民》，台北：聯經出版事業公司，1990 年。

34. 馮契：《中國近代哲學的革命進程》，上海：人民出版社，1991 年。

35. 焦循：《孟子正義》，北京：中華書局，1991 年。

36. 喻松青、張小林主編：《清代全史》，瀋陽：遼寧人民出版社，1991 年。

37. 戴震：《戴震全集》（第一冊），北京：清華大學出版社，1991 年。

38. 戴震：《戴震全集》（第二冊），北京：清華大學出版社，1992 年。

39. 李瑞騰：《晚清文學思想論》，台北：漢光文化事業公司，1992 年。

40. 鄭師渠：《國粹、國魂——晚清國粹派文化思想研究》，台北：文津出版社，1992 年。

41. 杜維運：《史學方法論》，台北：三民書局，1992 年。

42. 耿立群等：《敬天與親人》，台北：聯經出版事業公司，1993 年。

43. 徐復觀：《中國人性論史》（先秦篇），台北：台灣商務印書館，1994 年。

44. 戴震：《戴震全集》（第三冊），北京：清華大學出版社，1994 年。

45. 戴震：《戴震全集》（第四冊），北京：清華大學出版社，1995 年。

46. 梁啓超：《中國近三百年學術史》（附：清代學術概論），台北：里仁書局，1995 年。

47. 錢穆：《中國思想通俗講話》，台北：聯經出版事業公司，1995 年。

48. 金耀基：《從傳統到現代》，台北：時報文化出版事業有限公司，1995 年。

49. 王爾敏：《中國近代思想史論》，台北：台灣商務印書館，1995 年。

50. 丁偉志、陳崧：《中西體用之間》，北京：中國社會科學出版社，1995 年。

51. 錢穆：《中國近三百年學術史》（上）（下），台北：台灣商務印書館，1996 年。

52. 戴震：《戴震全集》（第五冊），北京：清華大學出版社，1997 年。

53. 余英時：《中國思想傳統的現代詮釋》，南京：江蘇人民出版社，1998 年。

54. 戴景賢：《錢穆》（收入中國歷代思想家【24】）台北：台灣商務印書館，1999 年。

55. 孫廣德：《明清政治思想論集》（下），台北：桂冠圖書股份有限公司，1999 年。

56. 陳平原：《中國現代學術之建立》，台北：麥田出版社，2000 年。

57. 張岱年：《中國古典哲學概念範疇要論》，北京：中國社會科學出版社，

2000 年。

58. 林慶彰、祁龍威：《清代揚州學術研究》，台北：學生書局，2001 年。

59. 賀麟：《文化與人生》。

二、期刊論文

1. 李源澄：〈古文大師劉師培先生與漢古文學質疑〉，《學藝》十二卷六期，1933 年 7 月。

2. 王森然：〈劉師培評傳〉，《國風半月刊》第四卷第九期，1934 年 5 月 1 日。

3. 吳雁南：〈劉師培的無政府主義〉，《貴州社會科學》，1981 年 5 月。

4. 陳慶煌：〈左盦經學綜論〉，《孔孟月刊》二十三卷十一期，1985 年 7 月。

5. 洪德先：〈劉師培與社會主義講習會〉，《思與言》二十二卷五期，1985 年。

6. 陳燕：〈劉師培其人其事〉，《中山大學學報》第三期，1986 年 6 月。

7. 陳奇：〈劉師培的經學與資產階級民族主義宣傳〉，《貴州社會科學》第二期，1989 年。

8. 陳奇：〈劉師培的漢宋學觀〉《近代史研究》第四期，1987 年。

9. 周文英：〈戴震、劉師培的樸素邏輯語義思想〉，《語言文字學》，1988 年。

10. 陳奇：〈劉師培力攻今文析〉，《貴州大學學報》第二期，1989 年。

11. 陳奇：〈劉師培對傳統經學的批判〉，《貴州師範大學學報》第二期，1989 年。

12. 胡楚生：〈劉師培攘書探究〉，《第一屆清代學術研討會論文集》，國立中山大學中國文學系所主編，1989 年。

13. 經盛鴻：〈劉師培與黃侃交往二三事〉，《文教資料》第一期，1990 年。

14. 萬仕國：〈劉師培與吳虞書——論小學經學門徑〉，《文教資料》第一期，1990 年。

15. 鄭師渠：〈晚清國粹學派的新史學探討〉，《北京師範大學學報》（社會科學版）第五期，1991 年。

16. 鄭師渠：〈論晚清國粹學派的經學思想〉，《孔子研究》第一期，1992 年。

17. 鄭師渠：〈晚清國粹學派論清學〉，《北京社會科學》第一期，1992 年。

18. 蒲偉忠：〈論劉師培左盦集的學術思想〉，《清史研究》第二期，1992 年。

19. 龔書鐸：〈晚清的儒學〉，《北京師範大學學報》（社會科學版）第五期，1992 年。

20. 湯志鈞：〈劉師培和經學教科書〉，《東海學報》三十三期，1992 年 6 月。

21. 鄭師渠：〈章太炎與劉師培交誼論〉，《近代史研究》七十八期，1993 年 11 月。

22. 方光華：〈論劉師培對《左傳》的整理和研究〉，《孔子研究》第四期，1995 年。

23. 王汎森：〈劉師培與清末的無政府主義運動〉，《大陸雜誌》第九十卷六期，1995 年。

24. 吳光興：〈劉師培對中國學術史的研究〉，《學人》第七輯，1995 年 5 月。

25. 桑兵：〈晚清民國時期的國學研究與西學〉，《歷史研究》第五期，1996 年。

26. 陳克明：〈試論劉師培的經學思想〉，《中國文化》第十六期，1997 年 12 月。

27. 袁英光、仲偉民：〈劉師培與中國歷史教科書研究〉，《華東師範大學學報》第四期，1998 年。

28. 王東杰：〈國學保存會和清季國粹運動〉，《四川大學學報》第一期，1999 年。

29. 胡自逢：〈劉申叔先生易學綜要〉，《第六屆近代中國學術研討會論文集》，國立中央大學中國文學系所主編，2000 年 3 月。

30. 許衛平：〈清代揚州學者方志學成就簡論〉，《揚州大學學報》四卷四期，2000 年。

31. 王東杰：〈國粹學報與古學復興〉，《四川大學學報》第五期，2000 年。

32. 李帆：〈清末民初學術史勃興潮流述論〉，《吉林大學社會科學學報》第五期，2000 年。

33. 李洪岩：〈劉師培背叛革命公案述說〉，《文史知識》第十一期，2000 年。

34. 鮑國順：〈劉師培的人性思想探究〉，發表於「第四屆海峽兩岸中山大學中國文學系學術討論會」，2000 年 11 月 15～16 日。

35. 沈順福：〈儒家的德性倫理學批判〉，《東岳論叢》第二十二卷第一期，2001 年 1 月。

36. 趙炎才：〈劉師培無政府主義倫理道德思想析論〉，《江海學刊》第二期，2001 年。

37. 鮑國順：〈劉師培理學字義通釋述要〉，發表於「中山大學中國文學系第八十三次教師學術討論會」，2001 年 4 月 18 日。

38. 李帆：〈論劉師培學術史研究的地位與特色〉，《大陸雜誌》一○二卷第六期，2001 年。

39. 鮑國順：〈劉師培清代學術史研究初探〉，發表於「第七屆清代學術研討會」，2002 年 3 月 9 日。

三、學位論文

1. 陳慶煌：《劉申叔先生經學研究》，台北：政治大學中國文學研究所博士論文，1982 年。

2. 蕭瓊瑤：《清末民初國粹思想研究——以國粹學報爲中心》，新竹：清華大學歷史研究所碩士論文，1990 年。

3. 宋惠如：《劉師培春秋左傳學之研究》，中壢：中央大學中國文學研究所碩士論文，1996 年。

4. 黃錦樹：《近代國學之起源（1891～1921）——相關個案研究》，新竹：清華大學中國文學研究所博士論文，1998 年。

5. 柯雅蘭：《劉師培文字學研究》，台北：東吳大學中國文學研究所碩士論文，2000 年。

6. 繆敦閔：《劉師培禮經舊説研究》，南投：暨南大學中國文學研究所碩士論文，2001 年。

附　錄

附錄一：劉師培世系圖

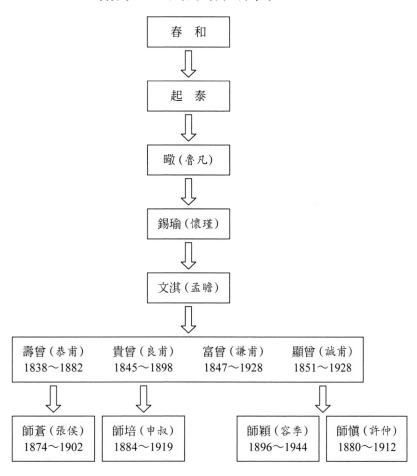

附錄二：劉師培年表

紀元甲子	西元	年歲	生　平　事　蹟	相　關　重　要　事　件
清光緒 十年甲申	1884	1	・閏五月二日（陽曆六月二十四日）生於江蘇儀徵 ・曾祖父劉文淇、祖父劉毓崧、伯父劉壽曾以研究《左氏春秋》名顯於道、咸、同、光四朝。父貴曾亦以經術聞名鄉里。母李汝諼爲江都李祖望之次女	・中法戰爭
清光緒 十一年乙酉	1885	2		・李鴻章與法國公使巴德諾（Jules Patenotre）在天津簽訂《中法新約》，法以安南爲保護國，中法戰爭結束 ・台灣建省 ・李鴻章設立天津武備學堂
清光緒 十二年丙戌	1886	3		・慶親王奕劻與英使歐格納（Nicholas R. O'Conor）訂立《中英緬甸條約》，中國承認英國在緬甸之主權
清光緒 十三年丁亥	1887	4	・母李夫人授以《毛詩》，琅琅上口，解釋《爾雅》、《說文》字義，無一訛誤	
清光緒 十四年戊子	1888	5	・歲末，爲人寫春聯，能作擘窠大字，有神童之稱	・李鴻章成立北洋艦隊 ・康有爲到北京應「順天鄉試」，並上書光緒皇帝，請求變法維新 ・伯父壽曾應鄉試，中舉人
清光緒 十五年己丑	1889	6	父貴曾中副貢，候選直隸州州判	・光緒皇帝親政
清光緒 十六年庚寅	1890	7		・湖廣總督張之洞在武昌創立兩湖書院
清光緒 十七年辛卯	1891	8	・學《周易》變卦之法，日變一卦	・康有爲在廣州設立學堂，刊行《新學僞經考》
清光緒 十八年壬辰	1892	9		・叔父顯曾及進士第，官甘肅道監察御史
清光緒 十九年癸巳	1893	10		・湖廣總督張之洞奏設自強學堂於武昌
清光緒 二十年甲午	1894	11		・中日甲午戰爭 ・孫中山上書李鴻章，要求改革 ・孫中山在檀香山創立興中會

清光緒 廿一年乙未	1895	12	・讀畢《四書》、《五經》，旁涉東 西方哲學	・李鴻章與日相伊藤博文，外相 　陸奧宗光簽訂《中日馬關條 　約》，台灣、澎湖割讓給日本 ・康有爲公車上書，再次申言變 　法圖強。並在北京創立《萬國 　公報》，後改名《中外紀聞》 ・嚴復撰《原強》，介紹達爾文 　（Charles R. Darwin）、斯賓賽 　爾（Herbert Spencer）之學說 ・國民革命廣州之役，陸皓東就 　義
清光緒 廿二年丙申	1896	13		・梁啓超創《時務報》於上海 ・清廷派遣留學生赴日求學 ・孫中山倫敦蒙難
清光緒 廿三年丁酉	1897	14	・從兄師蒼舉於鄉	
清光緒 廿四年戊戌	1898	15		・張之洞刊布《勸學篇》，提出 　「舊學爲體，新學爲用」之主 　張 ・俄國強租旅順、大連 ・英國強租威海衛 ・德國強租膠州灣 ・康、梁變法，百日維新 ・梁啓超在日本橫濱創辦《清議 　報》，並陸續在《清議 　報》上發 　表《戊戌政變記》
清光緒 廿五年己亥	1899	16	・父，貴曾卒，年五十五	・法國強租廣州灣 ・美國國務卿海約翰（John Hay） 　提出「門戶開放」政策
清光緒 廿六年庚子	1900	17		・帝俄佔東三省 ・義和團事件，八國聯軍攻陷北 　京 ・中國留日學生在日本東京成立 　「勵志會」 ・國民革命惠州之役，史堅如遇 　難
清光緒 廿七年辛丑	1901	18	・應揚州府試，補縣學生員	・李鴻章、慶親王奕劻與聯軍首 　席 公 使 西 班 牙 代 表 葛 絡 幹 　（Cologan）簽訂《辛丑和約》， 　中國賠款白銀四億五千萬兩， 　年息四釐，分三十九年還清
清光緒 廿八年壬寅	1902	19	・至南京參加鄉試，中舉人 ・從兄師蒼卒，年二十九 ・師蒼遺腹子崇儒生	・梁啓超在日本橫濱創辦《新民 　叢報》，鼓吹君主立憲 ・孫中山、章太炎等在日本橫濱

				舉行「中夏亡國二百四十二周年紀念會」 · 蔡元培、黃培炎等在上海成立「中國教育會」，蔡元培被推爲會長 · 「愛國學校」成立，蔡元培爲總理
清光緒 廿九年癸卯	1903	20	· 赴開封參加會試，不第 · 歸途，滯上海。結識蔡元培、章太炎以及其他愛國學社同志 · 在《蘇報》發表〈留別揚州人士書〉，決心革命 · 與蔡元培、葉瀚、陳競全、王季同、陳去病、林獬等共同發起「對俄同志會」 · 更名「光漢」，著《攘書》、《中國民約精義》、《黃帝紀元論》等重要著述 · 返鄉，與何承霖次女何班結婚	· 鄒容《革命軍》在上海出版 · 《蘇報》案發生，章太炎被捕 · 章士釗、張繼等在上海創刊《國民日日報》 · 林獬在上海創辦《中國白話報》
清光緒 三十年甲辰	1904	21	· 以「光漢」署名，給湖廣總督端方寫了一篇措詞激烈的勸降書 · 《俄事警聞》更名爲《警鐘日報》，與林獬共同主編 · 參與策劃萬華福謀刺廣西巡撫王之春，未成 · 參加鄧實、黃節發起的「國學保存會」 · 爲《中國白話報》撰稿 · 加入光復會 · 妻何震入愛國女社就讀	· 陶成章、龔寶銓、蔡元培等在上海成立「光復會」，推蔡元培爲會長
清光緒 卅一年乙巳	1905	22	· 與鄧實在上海創辦《國粹學報》，以「發明國學，保存國粹」爲宗旨 · 《警鐘日報》被封，避居敖嘉熊所辦溫台處會館 · 至蕪湖安徽公學，任歷史與倫理教員 · 至皖江中學擔任教職 · 化名「金少甫」，繼續從事革命活動 · 發表《中國民族志》、《周末學術史序》、《國學發微》、《小學發微補》、《兩漢學術發微論》、《漢宋學術異同論》、《南北學派不同論》、《經學教科書》、	· 同盟會在日本東京成立 · 袁世凱請廢科舉，設學堂 · 同盟會機關報《民報》在日本東京創刊

			《倫理教科書》、《中國歷史教科書》、《中國地理教科書》、《中國文學教科書》等多種著作	
清光緒卅二年丙午	1906	23	・以教員身分爲掩護，在蕪湖展開革命活動 ・介紹陳去病加入光復會 ・章太炎出獄。受章太炎之邀，一同前往日本 ・歲末，由日本返國，擬在上海等辦國粹學堂，預計明春開學，然因經費無著，而告失敗 ・發表《群經大義相通論》、《典禮爲一切政治學術之總稱》、《古學出於官守論》、《孔學眞論》、《漢代古文學辨誣》、《讀左札記》等著作	・《民報》與《新民叢報》論戰
清光緒卅三年丁未	1907	24	・年初，攜母、妻、姻親汪公權，以及蘇曼殊赴日本 ・在日本，謁見孫中山，加入同盟會 ・應章太炎之邀，爲《民報》編輯 ・妻何震發起「女子復權會」 ・與妻何震共創《天義報》，鼓吹無政府主義 ・與張繼在日本東京成立「社會講習會」 ・爲端方收買，與其妻何震由日本歸國，密向端方上書，獻弭亂之策 ・冬，遊上海。與柳亞子、黃節、陳去病聚會，醞釀成立「南社」 ・發表《司馬遷左傳義例序》、《爾雅蟲名今釋》、《物名溯源》及《續補》、《儒學法學分歧論》、《近代漢學變遷論》、《普告漢人》、《利害平等論》、《悲佃篇》、《論種族革命與其無政府革命之得失》、《古書疑義舉例補》、《荀子詞例舉要》、《晏子春秋補釋》、《法言補釋》等著作	・國民革命第三次軍事行動，黃岡之役 ・國民革命第四次軍事行動，惠州七女湖之役 ・國民革命第五次軍事行動，防城之役 ・國民革命第六次軍事行動，廣西鎭南關之役
清光緒卅四年戊申	1908	25	・年初，與妻何震再赴日本東京 ・《天義報》被日本政府查封。改出《衡報》，後亦被封	・光緒皇帝、慈禧太后崩 ・宣統皇帝溥儀即位 ・國民革命第七次軍事行動，欽

			・《民報》遭日本政府查封 ・與章太炎發生齟齬 ・十一月與妻何震返國。「社會講習會」收場 ・向清政府兩江總督端方投誠 ・發表《共產黨宣言序》、《論中土文字有益於世界》、《秦四十郡考》、《遼史地理考》、《荀子補釋》、《琴操補釋》等著作	廉之役 ・國民革命第八次軍事行動，雲南河口之役
清宣統 元年己酉	1909	26	・密告江浙革命黨人聯絡機關所在，致張恭被捕 ・至南京，為兩江總督端方督府文案，兼三江師範教習 ・上書端方，請設立「兩江存古學堂」，培訓「國學教員」 ・編《左盦集》，撰有《論中國古代財政國有之弊》、《穆天子傳補釋》等著作 ・章太炎致書勸劉師培重返革命陣營，不應	・國民革命第九次軍事行動，廣州新軍之役 ・清廷宣示決行預備立憲
清宣統 二年庚戌	1910	27	・隨端方赴天津 ・何震生一女，名穎，不久罹疾，幼殤 ・撰《春秋左傳時月日古例考》、《古曆管窺》、《白虎通義論補釋》、《敦煌新出唐寫本提要》等著作	・光復會由同盟會分裂而出
清宣統 三年辛亥	1911	28	・隨端方赴四川鎮壓保路運動 ・端方在資州為鄂州起義官兵所殺。劉師培為軍政分府拘留 ・上海《國粹學報》停刊，計出八十二期 ・撰有《周書補正》、《周書略說》、《管子斠補》、《楚辭考異》等著作	・國民革命第十次軍事行動，廣州黃花崗之役 ・武昌起義，各省紛紛響應，中華民國建立 ・章太炎發表保釋劉師培宣言
民 國 元年壬子	1912	29	・至成都，經謝无量介紹到四川國學院任教 ・與蜀中今文大師廖平建立學術友誼 ・撰有《春秋左氏傳答問》、《春秋左氏傳古例詮微》、《莊子斠補》、《春秋繁露斠補》、《古本字考》等著作 ・從兄師穎自殺，年三十三	・孫中山在南京宣誓就任臨時大總統 ・清宣統皇帝退位 ・孫中山辭臨時大總統職，袁世凱就任臨時大總統

民　國 二年癸丑	1913	30	・赴山西，入閻錫山幕府 ・何震到閻錫山府擔任家庭教師 ・在太原，創《國故鉤沉》 ・撰有《兩漢周官師說考》、《春秋左氏傳傳例解略》、《白虎通義定本》等著作	・袁世凱派人於上海暗殺宋教仁 ・二次革命失敗
民　國 三年甲寅	1914	31	・經閻錫山推薦，任袁世凱「公府諮議」	・第一次世界大戰爆發 ・袁世凱在北京天壇祭天，並自封「終身總統」
民　國 四年乙卯	1915	32	・任教育部編審 ・參加「籌安會」，與楊度等人爲袁世凱復辟帝制作理論鼓噪 ・撰《君政復古論》、《告同盟會諸同志書》	・袁世凱改國號爲「中華帝國」，以明年爲「洪憲」元年 ・蔡鍔等組織護國軍，出兵討袁
民　國 五年丙辰	1916	33	・與康寶忠等重組《中國學報》任編輯，以軍政復古相標榜，出五期後停刊 ・袁世凱帝制失敗。狼狽遁入天津租界 ・黃侃北面稱弟子 ・撰《春秋左傳例略》、《中古文考》、《古周禮公卿說》	・袁世凱恢復帝制，在全民聲討中去世 ・黎元洪就任大總統 ・籌安會六君子，除嚴復外，均被通緝 ・蔡元培任國立北京大學校長
民　國 六年丁巳	1917	34	・流寓天津。經李經羲疏通，始以「人才難得」獲保免罪 ・應蔡元培之邀，擔任北京大學中國文學門教授	・胡適在《新青年》發表〈文學改良芻議〉一文 ・張勳等在北京擁戴溥儀復辟，旋告失敗
民　國 七年戊午	1918	35	・在北京大學授課 ・繼續整理《左傳》舊注和古文經源流	・徐世昌任總統 ・第一次世界大戰結束
民　國 八年己未	1919	36	・任《國故月刊》總編輯 ・撰《毛詩詞例舉要》 ・十一月二十日（農曆九月二十八日）因肺病去世 ・叔父顯曾以孫葆楹承其香火 ・蔡元培經紀其葬 ・妻何震神經病發，曾在北大校門伏地痛哭，後削髮爲尼，法名小器，不知所終 ・母李汝諼卒，年七十八	・五四運動。北京大學等十三所院校代表爲爭山東主權，反對巴黎和會決定，在天安門前聚集，並舉行遊行示威